税理士がこっそり教える

儲かっている会社の会計ルーティン15

税理士
佐藤亜津子

現代書林

はじめに

この本を手に取っていただき、ありがとうございます。

「毎日こんなに忙しくしているのに、なぜお金が増えないのだろう?」

このような悩みを抱えている社長は多いと思います。というよりも、社長の悩みを突き詰めていくと、たいていこの悩みになるでしょう。

この本は、そのような悩みを抱えている社長や経理担当者のための本です。

と書くと、現在の預金残高は多いから、自分には無関係な本だと思われてしまうかもしれませんが、決してそんなことはありません。

なぜ、会社の預金残高(個人事業であれば事業用の預金残高)の多さだけで判断してはいけないのでしょうか?

それは、**お金(預金残高)があるからといって、必ずしも自分のお金だとは限らない**からです。もしかしたら、お客様からの前受金かもしれませんし、コロナ禍であれば、銀行からのコロナ融資かもしれません。

その逆に、お金がないからといって、必ずしも悲観する必要もないかもしれません。お金がないことがイコール儲かっていない、とは限らないからです。

むしろ、実際の経営では、お金があるかないかと、儲かっているかどうかが一致しないことのほうが多いのです。

この本は、儲けるために一生懸命忙しく売上を伸ばそうとがんばっているのに、なぜかお金が増えない社長や経理担当者のための本です。

私は神奈川県横浜市で税理士事務所を開業してもうすぐ20年になります。開業20年の税理士といえば、実務経験も豊富なベテランといってもいいと思います。その私も2020年から始まったコロナ蔓延、コロナ不況には、実に驚き困りました。

というのも、経営者と顧問税理士の関係といえば、インターネットの発達により、以前より訪問や面談が少なくなってきたとはいえ、それでも基本は訪問であり面談です。それがこのコロナ禍により全くできなくなってしまったからです。

しかしその反面、それまで見過ごしてきてしまっていたことが、訪問や面談ができなくなったことによりわかってきました。

たとえコロナ禍においても、業績を維持できている企業に共通する傾向、ルーティンといっていい共通する特徴が見えてきたのです。

それらをまとめたのが、この本です。

景気に振り回されない経営者や経理担当者の共通した税務会計ルーティン

この本は、税理士として税務や会計、資金繰りについて書いた本です。

なので、最初にお断りしておきますが、事業の肝心かなめの売上そのものが少ない、急激に減ってしまった場合には、即効性のある効果はありません。

しかし、そうした場合にも、なんらかの資金手当てには役立ちます。

ここで、コロナ禍での資金繰り対策に役立ったことをアピールするのはどうかなとは思いますが、コロナ禍においての融資や給付金などの手続きをするうえでも、普段から会計資料の準備ができているかどうかで差がついたのを実感された読者の方も多いのではないでしょうか。


このコロナ禍において税理士として実感したのは、普段からルーティン的にやってきた

ことが、やはりここぞという時には役立つ、ということです。

■税務会計の数字が苦手な経営者と経理担当者のための本

税理士が書いた税務会計の本というと、決算書や試算表をイメージすると思います。数字が苦手な方だと、それだけで読む気がしなくなるかもしれません。

あるいは、ざっくばらんにいうと、請求書や領収書の整理や帳簿をちゃんとつけろとか。

もちろん、請求書や領収書の整理はちゃんとやってほしいです。

帳簿は、いまどきであれば、販売管理ソフトや会計ソフトへの入力のことになりますが、もちろんこれらの作業も早くするにこしたことはありません。

ですが、この本は、私が税理士として約20年にわたり、数字が苦手な経営者や経理担当者の方に接してきた中からまとめたことを書いた本です。

そうです、数字が苦手な経営者や経理担当者の方に向けて書いたのがこの本です。

そもそも、税務会計的な数字が好きで、または得意で、経営者になった方はいるでしょうか？

中小企業の経理担当者の中では、会計や経理の仕事が好きで、得意で経理担当者を自分から進んでやっている人のほうが少ないのではないでしょうか。

ご安心ください。

すでに経営している方や、経理をやっている方であれば、この本に出てくる用語はすべて見慣れた用語、聞き慣れた用語ばかりです。

第1章では、なぜ売上を増やそうとするのか？　儲かっているとはどのような状態をいうのかをお伝えします。

第2章では、会計について覚えておくべきこと、決算書はどのような構成なのか？　決算書の元である試算表はどのように作られ、どのように見るのか？　を説明していきます。

第3章では、事業を始めるため、続けるための資金をどう用意するのか？　融資を受けるためにどのような資料を用意してどのように交渉するか？　を説明していきます。

第4章では、やっと利益が出たその後にかかってくる税金について、税金の仕組みと正しい節税について説明していきます。

第5章では、儲かっている会社がやっている会計ルーティンをお伝えします。自社で帳簿つけをせず記帳代行を依頼している会社でも、試算表を経営に活かすことは可能です。

■一度わかってルーティン化してしまえば一生使えるノウハウ

税理士として正直に言います。この本には、業績をよくするためのノウハウ、ストレートにいえば儲けるための特別変わったノウハウは書かれていません。

読み間違いでも書き間違いでもありません。

本を出してわざわざ買ってもらう以上は、何か特別なことを書かなければいけないのではないか、とも思いました。

たしかに、税務会計的に特殊なケース、ノウハウといったものがないわけではありません。しかし、そうしたケースはレアケースです。

私も税理士として、特殊な事例やノウハウといったものの勉強は怠りません。でも多くの中小企業においては、そうした特殊なノウハウはめったに必要とされることがありません。

そうした物珍しさよりも、**たとえ地味であっても日常的に、まさにルーティン的に取り組む方法を身につけたほうが、多くの中小企業の業績を上げる**と自負しています。

それでは目次からご覧いただき、興味のありそうなページからめくってみてください。

contents

第1章 なぜ売上を追いかける社長ほどお金がないのか

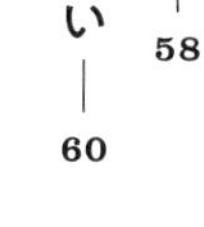

第2章

数字嫌いの人でもわかる、あなたの会社のお金の実際

第3章

お金はどう用意する？　足りなくなる前に借りる！　銀行との本当の付き合い方

第4章 儲けている社長は税金を賢く払ってお金を残している

第5章 儲かっている会社がやっている会計ルーティン15

第1章

なぜ売上を追いかける社長ほどお金がないのか

そもそも売上を増やす目的は？

本章をスタートする前に、そもそものお話からさせてください。

いったい社長はなんのために売上を増やそうとするのでしょうか？

売上を増やそうとしているのは社長だけではありません。

営業担当者も売上を増やそうと日夜努力しています。通信販売用のウェブサイト担当者がせっせと更新しているのも売上を増やすためですし、ＳＮＳにきれいな画像をアップしたりするのも、すべては売上のためですよね？

では、社長をはじめとしてみんなで売上を増やそうとするその目的は何でしょう？

もちろんお金を増やすためです。

しかし、現実の多くは、売上を増やしたからといって、必ずしもお金が増えるとは限りません。

本章では、売上を増やす目的であるお金について、いまさらと思われるかもしれないことから、改めてお話しさせてください。

売上を増やしたからといって お金が増えるわけではない

売上が増えれば、当然（必ずしも当然ではないのですが）、売上代金の入金も増えます。

売上入金の大半が銀行振り込みであれば、預金通帳への入金は、当然ながら売上に比例して増えていくはずです。

ＡＴＭに預金通帳を差し込んだ時に印字されるあの音は、売上が多ければ多いほど長く聞くことができます。


しかし、いまさらですが、**振り込まれたお金がそのまま事業のお金としてすべて儲けというわけではありません。**

商品販売の場合には、販売する商品が必要です。

仕入れた商品は在庫になります。

商品を売るためには先に仕入れなければなりません。

通常であれば、先にお金を払って売るための商品を仕入れなければなりません。

ウェブサイトでの通信販売であれば、常に注文のチェックをするスタッフも採用しなければなりませんし、発送するスタッフも必要です。

え？　社長の自分がひとりでやっているから、スタッフの人件費はかからないし、仕入代金は売れた分だけを支払うことにしているので、仕入資金も必要ない？

まるで、これから私がお話ししようとしている先をふさがれてしまうようです。

そういった、家庭内手工業のような事業もあるでしょうけれども、税理士として私の顧問先を見る限り、全体ではまだまだ少数です。

今月の売上も、今月の儲けも、月末の預金口座の残高だけを見ればわかる。

それが究極の理想かもしれません。

では、そういった事業はめったにありませんが、仮にそうだったとして、本当に月末の預金残高が儲かったとしていいのでしょうか？

そもそも、売上を増やそうとするのは儲けるためですが、ここで儲けの定義をはっきりさせることからスタートさせてください。

儲けとは利益のことである

それが会社であれ個人事業者であれ、商売であれ事業であれ、「儲け」という言葉は日常的に使われています。

本書の第4章のタイトルでも「儲けている社長」とついていますし、第5章では「儲かっている会社」とあります。

自分で章のタイトルに使っておきながら、儲けとはいったい何でしょうか？

儲けとは、何かに投資した結果として得る利益のことです。

ギャンブル的なニュアンスで使われるケースもあるので、よくないイメージをもっているかもしれません。しかし、投資というリスクを負った結果として利益を得る、という意味ですので、むしろ経営者であればプラスにとらえてほしいです。

よく、テレビや雑誌で「年商10億社長！」ともてはやされているのを見ますが、この社長の会社は儲かっているでしょうか？　これだけではわかりません。

年商10億であっても、利益がいくらであるかはわからないからです。

同じ年商10億であっても、利益が1億なのか、１００万なのか、もしかしたら利益は出ていないかもしれません。これでは儲かっているとは言えません。

このようなものを見ると私はついつい「決算書見せてよ！」と思ってしまいます。

これに対して、似たような言葉で「稼ぎ」「稼ぐ」という言葉もあります。こちらは、コツコツと時間をかけて努力した結果、収入を得る、という意味です。

プロスポーツ選手など、その個人の努力や才能の結果、所得を指すことが多いです。

2つの言葉を比べると**「儲け」のほうが個人の能力を問わず、行動した結果得た利益であると考えることができます。**会社経営であれば「儲け」のほうがしっくりきます。

売上しか見ていないと儲からない

しかし、たいていの人は労働者として仕事のキャリアをスタートさせるからなのか、売上さえあれば儲かっているものと考えてしまいがちです。とにかく売上さえあれば、と売上にしか目がいかなくなります。


以前、あるウェブサイト制作会社と顧問契約していました。

その会社の受注は順調でした。これは、その会社が独自のサービスも併用していたこともありますが、社長自身の営業能力が非常に高かったからです。

しかし、受注後納品完了まではトラブル続きでした。受注後の業務フローに問題があり、業務の進捗管理できる人が社長しかいなかったのです。

さらに問題だったのが、納品後の請求書発行および入金管理ができていなかったこと。

社長が忙しかったこともあり、打ち合わせの頻度は四半期ごとだったのですが、そのたびに入金もれを指摘するようになりました。

すぐに請求し回収できたものもありましたが、中には連絡がとれない、連絡がとれないわけではないが言い出せず、回収不能になるものも増えていきます。

なぜ言い出せないのか不思議だったのですが、以後の取引に影響が出るかもしれない、と考えていたようです。確かにそういったこともあるでしょう。

しかしすでに外注費もかかっています。回収しなければその分持ち出しになってしまいます。

そもそもそれならば、納品時にすぐ請求し、期日までに回収できたか確認すればよいだけです。なかなかその体制が作れずにいました。

営業が得意な社長だったので、回収不能が生じても、どこか次の営業を獲得して取り戻せばよい、と考えているように見えました。

これは私が税理士としてさまざまな社長に出会った経験なのですが、自分で事業を興す人は、元は営業出身であるか、技術開発出身であるか、いずれかが多いです。これも影響しているのかもしれません。

営業担当であれば売上さえあげればよいですが、営業はあくまでも事業の一部です。技術開発担当であればよい商品を作ってさえいればよいですが、技術開発はあくまでも事業の一部です。それだけでは儲かりません。

儲けとは利益のことです。それならば利益を増やすためにはどうすればよいのか、それを知るためには、損益の計算をマスターする必要があるのです。

損益の計算を今こそマスターしよう

損益の計算、そんなの知ってるよ、と言われてしまいそうです。

売上から売上原価を引いて、そこから経費を引くんだよね？

はい、その通りですが、そのひとつひとつ、何に気をつければよいかわかりますか？

という話です。


つい先日こんな相談を受けました。

とある製品の修理をメインにしている会社で、事業所も複数ある会社です。

このところ業績が赤字続きで、特に業績がよくない事業所の閉鎖を検討している、とのことでした。

その事業所の赤字が月１００万円でした。この事業所を閉鎖することにより、会社全体として月１００万円の赤字が解消できるでしょうか？

もしここで「１００万円の赤字の事業所がなくなったんだから、１００万円赤字解消できるのは当たり前でしょ」と思ったのであれば、ここから先のお話を聞いていただきたいです。

私の答えは「これだけの情報では、わからない」です。

100万円の赤字が導き出された、売上高、売上原価、経費それぞれの詳細が必要だからです。

仮に、この事業所は、売上高1000万円、売上原価200万円、経費が900万円としましょう。そして、経費のうち、人件費が400万円としましょう。

この場合ですと、事業所閉鎖しても、働いていた社員を他の事業所に異動することになりますので、人件費400万円は事業所閉鎖後もかかります。したがって、他の事業所の業績が変わらなければ経費は400万円増えて、かえって赤字が増える結果となります。

もし、この事業所が人件費はかからず、その代わりに外注費400万円かかっているとしましょう。この外注費は売上原価となりますので、売上原価が200万円から600万円となり、経費が900万円から500万円となります。

赤字事業所を減らしたら赤字が増えた？

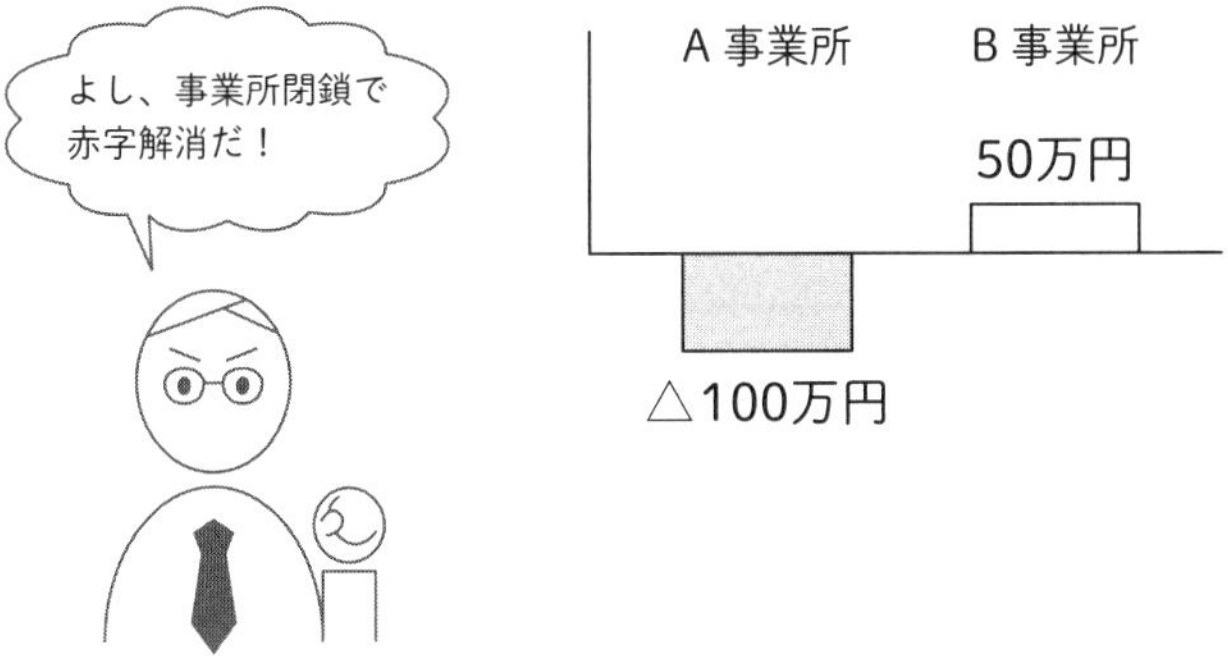
よし、事業所閉鎖で
赤字解消だ！
A事業所
B事業所
50万円
△100万円

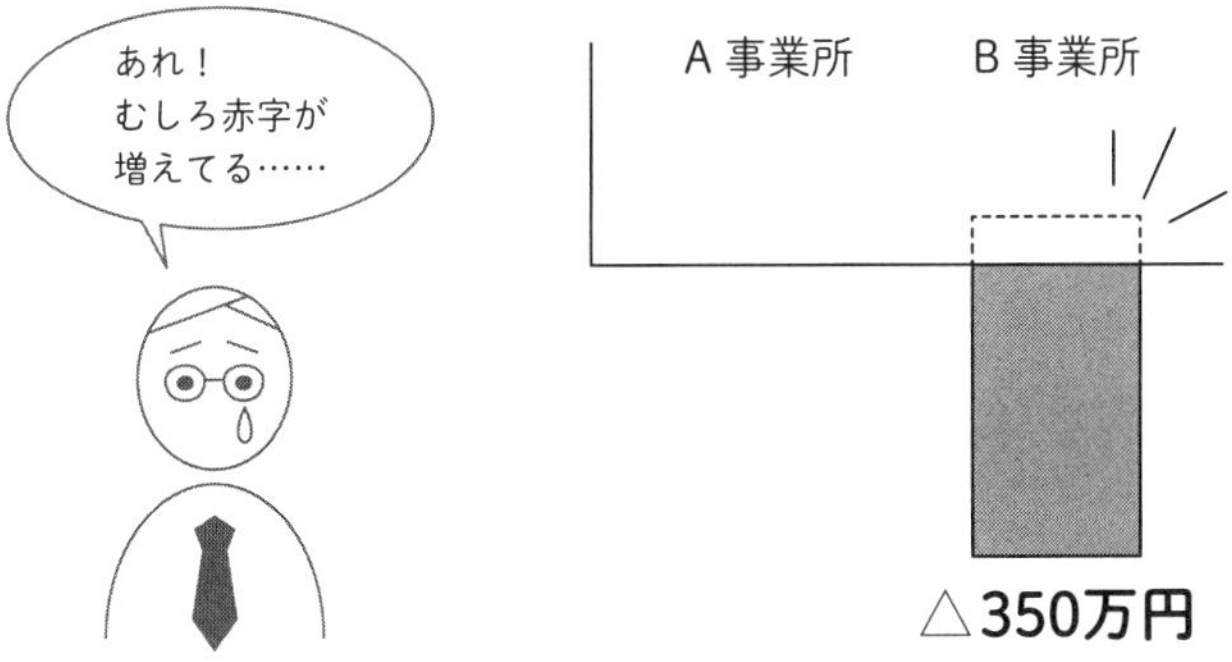
あれ！
むしろ赤字が
増えてる……
A事業所
B事業所
△350万円

赤字の詳しい内容次第では、
かえって赤字が増える結果となる。

この場合であれば、１００万円の赤字が解消できると考えられます。

現実には、事業所閉鎖費用もかかりますし、事業所閉鎖による他の事業所の影響も考えなければなりませんので、こんなに単純ではありません。

ここで重要なのは、利益は最終結果であり、その内訳によって内容が大きく変わってしまう、ということです。

売上と売上原価をセットで考える

売上と売上原価はセットです。

例えば、商品を販売していたら、売る商品は不可欠です。その商品の売上が１つあたり１０００円、売上原価が８００円であれば、利益は２００円です。

月に１０００個売れたら売上１００万円、利益は20万円です。

一方、コンサルティング業を行っていたとしましょう。１つの案件について10万円、売上原価はかかりません。月に10案件あれば売上１００万円、利益は１００万円です。

月１００万円利益を獲得するためには、コンサルティング業のほうが簡単なように見えてしまいます。

しかし、商品販売は月に1万個売って売上１０００万円、利益２００万円にできるかもしれませんが、コンサルティング業は20案件獲得して月売上２００万円、利益２００万円にすると、業務量がオーバーしてしまうかもしれません。

したがって、どちらがよいか、単純には言えません。

しかし、**もしその商品とコンサルティングサービスに関連性があったら、両方の事業を行うこともできるかもしれません。**

コンサルティングを行った顧客にその商品を売る、またはその商品をきっかけにコンサルティングを行う、といったケースです。

そうすると、同じ利益２００万円を獲得するのにも、いろいろな方法が考えられます。

コンサルティングのみであったら1回の売上で終わるところを、その後商品を継続的に購入してもらう。

また、逆に、コンサルティングサービスの単価をより高くするために、商品売上単価は手に取ってもらいやすいようにあえて低い価格にする。
１００人いたら１００通りの方法が考えられるのではないでしょうか？

ここまでは売上と売上原価の話しかありませんが、当然経費もかかります。経費の代表は広告費ですが、この広告費もどのようにかけていくか。テレビコマーシャルをするのか、ウェブ広告を打つのか、チラシを刷るか。広告費をかける代わりに紹介を得るためにひたすら人に会う方法もあるでしょう。
これらの経費を差し引いて初めて残るのが利益ですから、経費の使い方も重要です。

経費を使うのは、利益を得るためです。利益の元は売上ですから、ここでは売上を得るため、と書き換えてもよいでしょう。

せっかく社長になったのだから、と社長ができるだけ役員報酬をもらっているような会社も見ます。中小企業は社長ありき、社長のモチベーションありきの側面もありますが、それも限度があります。

会社が使う経費はすべて、会社が利益を得るためです。

損益の確定のタイミング：発生主義

売上は商品であれば納品した時に、サービスであれば完了した時に確定します。

昔ながらのお店で、店先にお金があり、そのお金をもって商品を仕入れて並べて、商品が売れた時にお金を受け取る。そのようなお店の帳簿であれば売上や仕入とお金の入出金が一致しますので、わかりやすいです。

しかし、実際はそのような事業はごくわずかです。

よくあるのは、毎月末日に売上をまとめて請求書を送り、翌月末にその金額が入金になる、といった取引です。

この場合、売上はいつ確定しているでしょうか？　この、集計している毎月末日です。

そして、この売上に対する仕入は、前月に仕入を行っているとします。受注販売（受注が確定した時に商品仕入を行う）の形態でない限りは、売れる前段階で仕入はしているはずです。

仕入は売上原価となりますが、いつの売上原価でしょうか？　仕入商品が納品された時でしょうか？　それとも仕入代金を支払った時でしょうか？　いずれも違います。

この商品が売れて初めて売上原価となります。

このように、**売上と売上原価や経費の確定した時に認識することを「発生主義」といいます。**

現金入金があった時に売上、現金支払いをした時にそれぞれ売上、現金仕入となればわかりやすいのですが、実際の売上、売上原価の計上は別となります。

例えば、住宅建設をしているとしましょう。請負金額3000万円とします。最初に契約書を交わします。契約と同時に手付金を受け取ることが一般的です。仮に請負金額の5%、150万円を受け取ったとしましょう。

手付金は、例えば住宅ローン審査が通らなかったといった場合には、契約解除となり、同時に返金しなければなりません。ですので、まだ売上確定とはいえません。

その後、中間金を2000万円受け取ったとします。この中間金は、工事のために材料や外注費を払うため設定しています。

発生主義の考え方

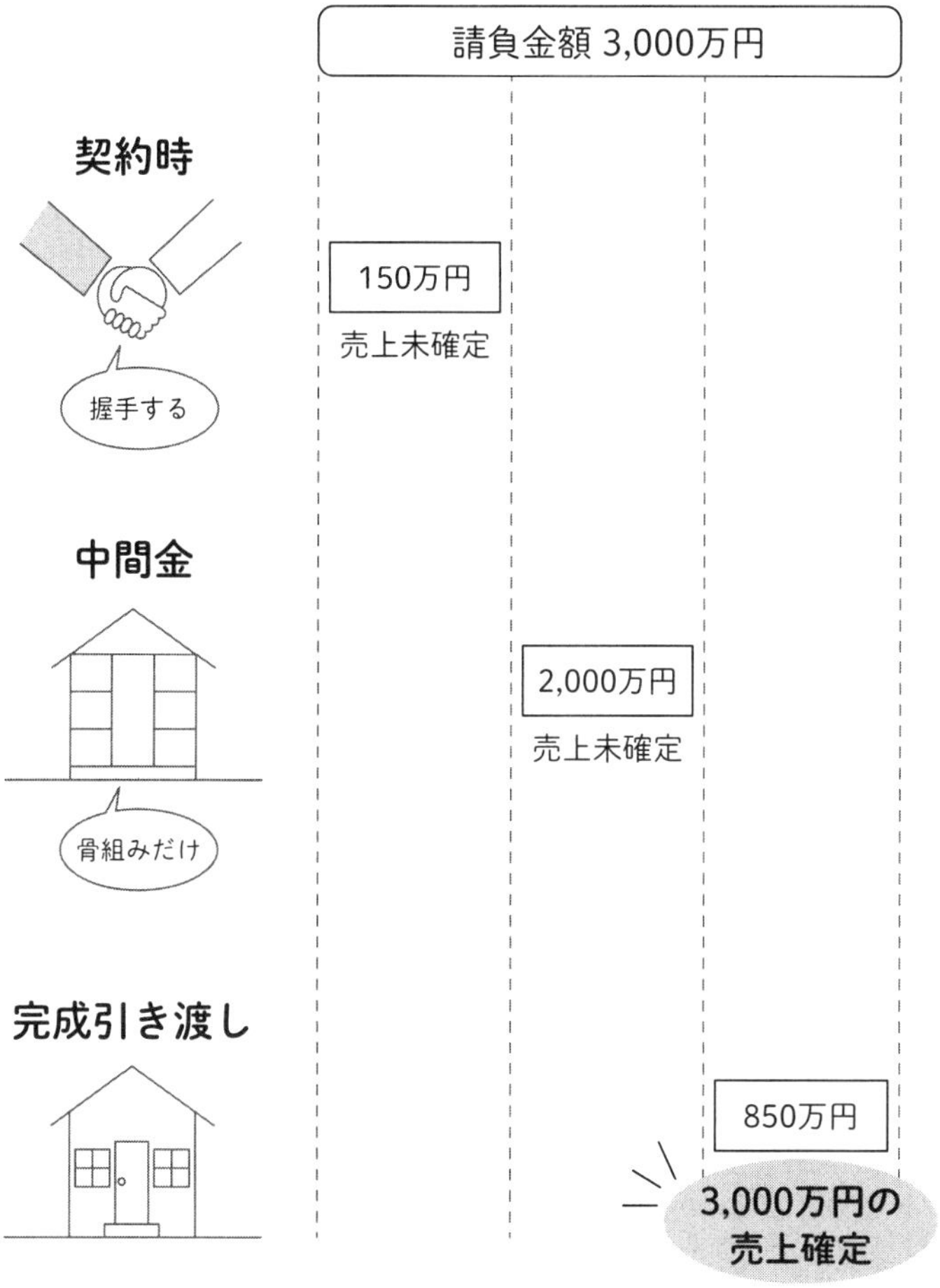
請負金額 3,000万円
契約時
150万円
売上未確定
握手する
中間金
2,000万円
売上未確定
骨組みだけ
完成引き渡し
850万円
3,000万円の
売上確定

この時もまだ住宅は完成していません。したがってまだ売上確定していません。

その後、期日までに無事完成し、住宅の引き渡しをし、残り８５０万円を受け取りました。ここで初めて３０００万円売上が確定します。入金された金額で売上は計上しないのです。

同様に、支払った材料費や外注費も住宅引き渡し完了して初めて工事原価となります。

勘定合って銭足らずになってはいけない

先ほどの建設業は、中間金が入ってきた段階では、手元現金は増えているのに利益が確定していないケースでした。このように利益の確定とお金の入金は一致しません。

これとは逆のケースが、いわゆる「勘定合って銭足らず」の状態です。

ここでいう「勘定合って」は利益が出ている状態のことです。それにもかかわらず「銭足らず」、お金が足りなくなってしまう、ということがあります。

決算日まであと3か月、という時期に新規で契約したクライアントがいました。この会社の試算表を見たら、すでに売上４億円、利益が５０００万円も出ていました。

決算時には、売上5億円、税引前の利益は６０００万円になる予想です。法人税が30％としたら、１８００万円法人税がかかります。これとは別に消費税の納税もあります。

それにもかかわらず、現金は３０００万円を切っていました。月売上は５０００万円近くありましたから、売上の１か月分もありません。「税金の支払いはどうしようか」という相談でした。


なぜ、この会社はこれだけ利益があったのに現金がなかったのでしょうか？

試算表を見たらすぐにわかりました。**在庫が期首から比べて７０００万円も増えていたからです。**

売上が順調に伸びていたからその勢いに乗って、どんどん仕入を行い、在庫を増やしていたのです。

それを指摘したらとても驚いていました。

その会社はウェブサイトでの販売が中心だったので毎日売上入金がありました。ですので、そこまで会社にお金がないと思っていなかったようです。

日々のお金が廻っていたのでそこまで危機感がなかった、と言っていました。

決算間際にこの状況に気づいたので、銀行に融資の申し込みをし、資金手当てをして難を逃れました。

幸い業績がよく、融資残高も少なかったので（それが現金がない原因でもありましたが）対処することができました。

しかし、会社の利益しか見ていないと、その原因にも気づけない事態になってしまいます。原因がわからなければ問題の対処もできなかったかもしれません。

このような時に損益しか見ていないと「もっと売上を伸ばさなければ」ともっと仕入をしてしまい、ますます現金が少なくなってしまう。今やるべきことと反対のことをしてしまうのです。

会社が儲けるためには利益を出すこと、これはその通りなのですが、損益しか見ていないと会社が立ち行かなくなってしまうことがあるのです。

会社に現金がなくなると会社はつぶれる

それでは「会社が立ち行かなくなる」とは、具体的にはどのような状態でしょうか？

それは「お金がなくなった」時です。

会社は赤字になったからといってすぐにはつぶれません。会社に現金がなくなった時につぶれるのです。


利益がわかる損益計算書だけ見ていても、現金がどのぐらいあるかはわかりません。

今、現金がどのぐらいあるのか、会社の状況がどうなっているか、それは貸借対照表を見ていないとわからないことなのです。

しかし、貸借対照表がわかりにくく、あまり見ないという話を聞きます。

その気持ちは私もとても理解できます。

というのも、私自身がわかったようでわからない、という時期が長かったからです。

そんな私がどのように貸借対照表を理解できたか、コツを２つお伝えしたいと思います。

貸借対照表を理解するコツとは

1つ目は、貸借対照表を「現金」を中心にして理解する、ということです。

ぜひ、自社の決算書をイメージしていただければと思うのですが、貸借対照表は左右それぞれに項目があり、その左右のそれぞれの合計額が一致する表になっています。

貸借対照表は右側からスタートです。どのように資金を用意してきたか、の一覧です。

そして、左側がその用意した資金をどのように使ったか、の一覧です。

現金は左側の一番上の一部でしかないのですが、言い換えれば左側の現金以外の項目は、すべて現金を使って何に変えているか、の一覧です。

そして**2つ目は、貸借対照表と損益計算書の関係**です。

多くの社長から質問されたことです。

「利益の分だけ、現金がなぜ増えないのか」

それは、利益でお金が増えたとしても、次の利益のためにすでにお金を使っていたり、その逆で、利益が確定したとしてもお金がまだ入ってきていない、といったことが起こるからです。そして、その詳細は貸借対照表に載っているのです。

期首の貸借対照表からスタートして、途中経過が損益計算書、その結果が期末の貸借対照表です。

そして、**損益計算書の利益から、貸借対照表の項目の増減を加味すると、現金がどのくらい増えたか、減ったかがわかる。**

この関係性がわかると、貸借対照表も決して難しいものではないのです。

もっと言うと、貸借対照表と損益計算書を同時に見ないから、わかるようでわからない、となってしまうのかもしれません。

会計は難しくない

会計というと、苦手意識を持つ人が多いな、といつも思います。

「借方」「貸方」といった独特な用語が少々とっつきにくかったり、それぞれの勘定科目が堅苦しかったり。

そして、数字の羅列にしか見えない。複雑な計算が必要に感じるようです。

しかし、実際のところは、使う算式は足し算と引き算が大半です。

それぞれの数字の分析のために、掛け算と割り算を使うこともありますが、それも複雑な算式なわけではありません。

もし、**勘定科目が堅苦しくてわかりづらいのであれば、勘定科目は理解できるように変えてしまってもよいのです。**会計ソフトに登録済みの勘定科目は、あくまでも一般的な名称なので、会社独自で勘定科目を変更していることはよくあります。

実際に、私のクライアントの70代の社長は、自ら会計ソフトに入力していました。

この社長は、自分がわかりやすいように、試算表を見て判断しやすいようにするために、損益計算書の勘定科目の大半を変えていました。地代家賃も「事務所家賃」「店舗家賃」、通信費は「郵便切手」「固定電話代」「インターネット代」といった具合です。

決算書作成時には、それぞれ「地代家賃」「通信費」と修正していましたが、試算表作成の時には全く支障ありません。

そして、何よりも、すべてが自社のことです。

一見よくわからないと思う数字の羅列も、内容を見ていけばすべてが会社で行ったことなのですから、わからないわけがないのです。

そもそも、専門家になるわけではありません。まず自社の決算書・試算表が理解できればよいのです。そのために必要な会計のルールは実はさほど多くないのです。

ただし、それがわかるようになるためには、自社の会計資料、決算書や試算表に興味を持たなければなりません。そして、最低限の会計のルールはやはり理解する必要があります。

よくあるのは、専用のソフトで出力した、カラーの見やすい会計資料です。私も一時期クライアントにお渡ししていましたが、今はあまりお渡ししていません。

カラフルな資料はとっつきやすく、なんとなくわかった気になるのですが、ではどうすればよいのか、といったその先のことを考えることができるようになるまで理解が深まらないのです。

結局のところは、決算書や試算表は見慣れるしかないのです。

最初はわからなくても、売上1000万円とあれば、それぞれの顧客との取引の合計なのですから、ただの数字ではないのがわかるようになります。

お金が足りなくなったから借りるのが借金経営

売上を増やそうとするのは、儲けるため、お金を増やすためです。

しかし、**実際に経営していくと、売上が増えるとお金が足りなくなるのです。**

このカラクリを知った時には私はとても驚きました。もしかしたら、これを読んでいる方の中には、何を言っているんだろう、と感じる人もいるかもしれません。

商品販売しているとわかります。

例えば、1個あたり売上原価が8000円、販売価格1万円の商品を扱っているとします。毎月100個売るとします。

まず80万円支払って100個仕入れて、その後売れたら100万円入金されます。翌月も80万円支払って１００個仕入れて、１００万円入金される。

最初に仕入れる金額80万円をあらかじめ用意していれば、２か月経った月末には、手元には１２０万円あるはずです。

３か月目に2倍の２００個売ることはできるでしょうか？　そのためには先に１６０万円払って２００個仕入れる必要があります。そもそも資金が足りないのです。

このように**売上を増やそうとすると、そのための仕入代金が必要になるので、お金が足りないのです。**

この会社は売上を増やすためには、その仕入ができるまで少しずつ利益でお金が増えるのを待つのがよいでしょうか？　そのような考え方もありますが、もしこのタイミングを逃してしまったら売れないようなものだったら？

その場合は足りない分だけお金を借りてくる必要があります。

お金が足りなくなったから借りる、となったら借金経営です。

「借金経営」とても言葉の響きが悪く聞こえます。どこか場当たり的で追いかけられているような気がします。

売上が増えると現金が足りなくなる?

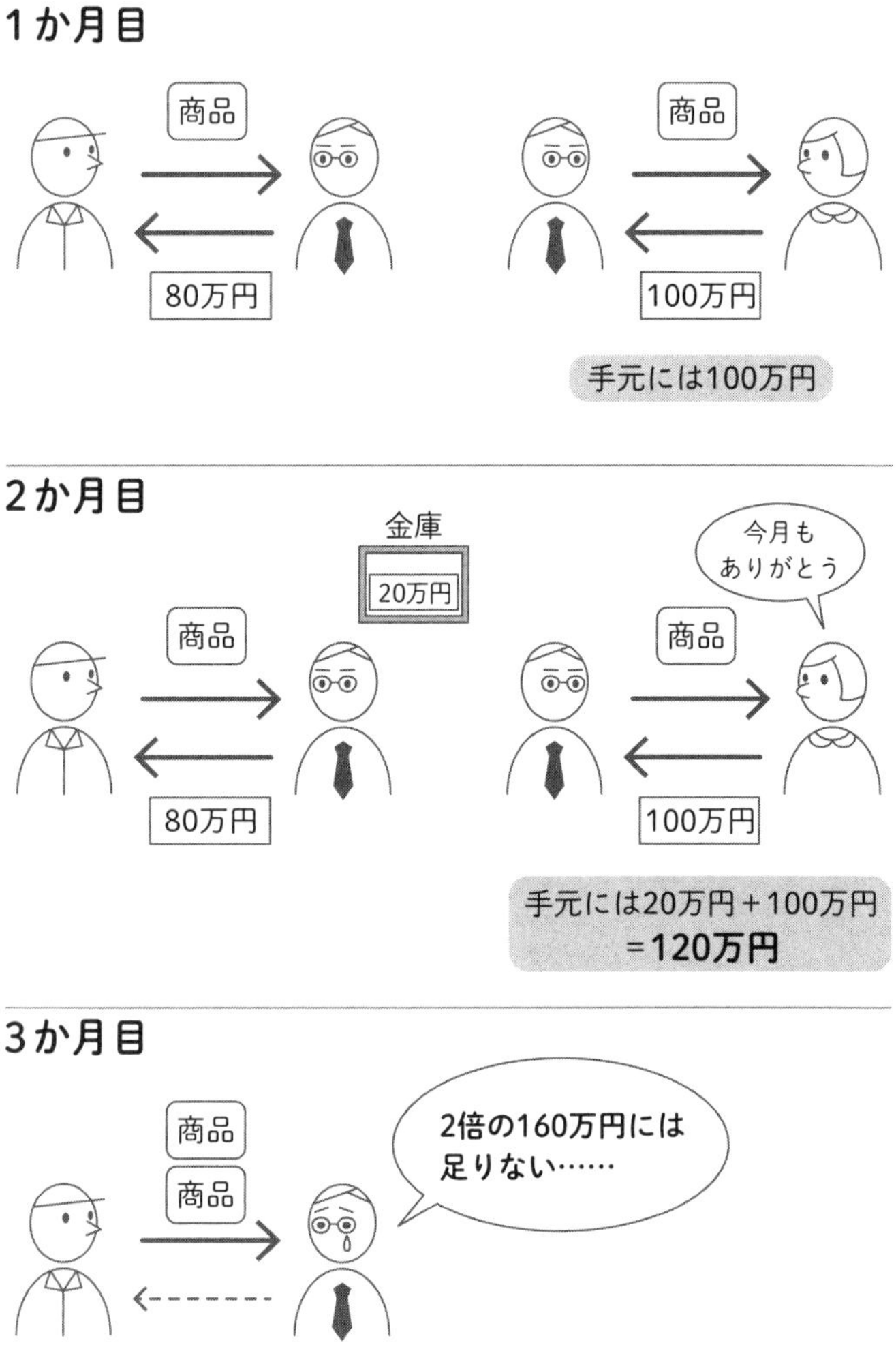

これは、足りなくなったから借りる、という方法だからです。

そうではなく、**試算表を見ていれば、あらかじめお金が足りなくなる時期は予測ができます。**足りなくなる時期がわかれば、足りなくなってから借りるのではなく、余裕をもってお金を借りてくることができます。

これならいかがでしょうか？　同じ借入であっても印象が違いますよね？

また、お金を借りるといっても、そのためにはある程度の時間が必要です。月の途中で今月末お金が足りなくなる、と気づいてそこから対策しても遅い、といったことが十分あり得るのです。

いくら必要なのか？　いくら借りるのか？

売上が上がり、会社が大きくなればお金が足りなくなってきますが、その前段階、新たに事業を立ち上げる時には、いくら必要となるのか？　を考えなければなりません。

そして、その資金をどうやって用意するか？　を考える必要があります。

もちろん全額を自分で用意するのが理想かもしれません。しかし、全額を自分で用意しようとすれば、事業を始めるまで時間がかかってしまいます。

そこで、借入により資金を用意することを考えるのは全く問題ありません。

こうお話しすると、それなら必要な資金をすべて借りよう、と考える人がいます。

自分でお金を用意することなく、全額を借入で用意するというのはどうでしょうか？

その事業自体が実際に成功するかどうかはわからないものなのです。

またそれが不動産などの固定資産の取得のためであった場合には、その取得にかかった金額が必ずしも時価を反映していません。**言い換えると、買った時点ですでに同額で売れるとは限らないのです。**

自己資金なしで取得した場合、借入金を返済しようと売却しても借入金を返済しきれずに一部残ってしまうことになりかねないです。

そこで目安をお伝えすると、やはり少なくとも必要となるお金の2割ないし3割は自分で用意すべきでしょう。

なぜ事業計画書が必要なのか？

そして、借入は銀行に融資を申し込みすることになります。その際には、さまざまな資料が必要となります。主に必要になるのは、決算書や試算表、事業計画書や資金繰り表です。

これらはなぜ必要となるのでしょうか？

それは、会社の現状を知ってもらい、いくら必要なのかを説明するためです。

取引先に対するプレゼンと同じです。銀行は公的役割がありますが、預金者のお金を貸すわけですから、知らない会社にはお金は貸せないのです。

銀行に対して会社の説明するためには、会計資料を使って数字で説明をする必要があります。**会計の数字が目の前の銀行員との共通言語なのです。**

よくあるのが、社長がいかに会社のすばらしさや将来の展望を、逆にいかに会社が大変な状態かを一生懸命話すケースです。

これは全く意味がありません。**銀行側からいうと、具体的な数字で説明してもらわないと、いくらであれば貸せるか判断できないからです。**

さらに、社長の説明と用意した会計資料と金額がかけ離れてしまったら、この社長はわかっていないと判断されかねません。実際に自分で事業計画書を作っていれば、そういったことにはならないでしょう。

私も過去に「融資を受けられる事業計画書を作成していただけませんか？」という問い合わせを受けたことがありますが、私が経営をするわけではありません。

誰かのサポートを受けるのは決して悪くはありませんが、**あくまでも事業計画書を作成する場合の主体は社長です。**

そして、事業計画書を自分で作成すると、その事業をシミュレーションすることができます。

一から自分で作成するとなるとわからないことだらけかと思いますが、今は事業計画書のサンプルがインターネット上で入手することができます。日本政策金融公庫のサイトには、たくさんのサンプルがあります。中にはエクセルで、算式もすでに入っているような様式もあります。

事業計画書は、実際に融資を受ける・受けないにかかわらず、作成してみることをお勧めします。

事業計画書は、実際に作成してみると、その事業のためにどのような費用がかかり、どのくらいの売上が必要なのか、といったことを整理することができます。

場合によっては、当初イメージしていた通りにならずに、事業計画を大幅に変更することになるかもしれません。しかし、もしそのまま事業を始めてしまったら、最悪の事態になっていたかもしれません。

あくまでも「計画」ですから、計画上でいくら失敗してもかまいませんよね？

事業の実現可能性などを考えるためには事業計画書を作成するのが一番です。

銀行との本当の付き合い方

私も以前はそうだったのですが、銀行との取引には身構えてしまうことがありました。

あれは、なぜだったんだろうと振り返ると、融資を受けると銀行の言う通りにしないといけないのではないか、経営の主導権を握られるようなことになるのでは、そんな勝手なイメージだったと思います。融資を受けること自体に抵抗があったのが原因だったのかもしれません。

しかし、銀行は事業を行う上で欠かせない取引先の一つです。その他の多くの取引先と変わらないのです。必要以上に身構えることはありません。

ただ、やはり会計資料で会社の説明をする、といったことは他の取引先とは違う独特なことです。これは慣れが必要でしょう。

また、会社の業績はいい時も悪い時もあるので、特に悪い時には気が進まない、といったこともあるでしょう。

そういう時こそ現在の会社の状況やその原因、対策について会計資料を元に説明するのがよいです。

逆に、**融資を受けたい時ばかり積極的にお願いをして、融資が下りたとたんに音沙汰がなくなるのも好ましくありません。**取引先の一つととらえたら、その理由はわかると思います。

最近は、会計クラウドサービスと提携した融資も出てきました。融資のための資料作成や融資交渉などが最低限で画期的ではありますが、利率は高いなどまだまだ条件はあまりよくありません。このような融資交渉がメインになるのはもう少し先でしょう。

また、融資でなく資金調達をするための方法としてクラウドファンディングも一般化しました。しかし営利目的で利用する場合は、マーケティング的な利用、例えば新商品の広告のための利用がよいのではと個人的には考えています。

うがった見方をすると、銀行融資が受けられないからクラウドファンディングしているのか？　とも見えてしまいます。

銀行との本当の付き合い方がわかれば、融資は決して難しくないです。利息は安いですし、返済が難しくなった場合でも返済を待ってもらう方法もあります。資金調達のためには銀行からの融資が基本です。

儲かったら税金がかかる

会社が儲かったらその利益に対して税金がかかります。

会社であれば法人税、個人であれば所得税です。また、法人税・所得税は国に対する税金の他に、都道府県や市町村に払うものもあります。その他にも固定資産税などの税金もあります。

ここで、なぜせっかく儲かったのに税金を払わなければいけないのか？　といった話には触れません。私個人もそう思ってしまう時はあるので気持ちはわかりますが……。

前提として知っておいていただきたいのが、**税金を支払った後の利益、税引後利益が本当の儲かった利益になる**、ということです。したがって、お金を残したいのであれば税金を多く支払うのはやむを得ないのです。

しかし、法人税は国に対するもの、地方に対するものを合計すると、利益の約3割にもなります。これでも過去最低税率です。かなりの負担になります。

しかも、利益が計上されたからと言って、お金が同額増えるわけではありません。少しでも節税したいと思うのは当然のことでしょう。

また、法人税の申告期限は決算日より2か月以内、もしくは3か月以内ですが、納付期限も同じ日です。先ほど、税金の負担を考えずに在庫を増やしてしまった結果、法人税の納付に困った事例がありました。日々意識していないと、ついつい納税については忘れてしまいがちです。

世の中にはたくさんの節税に関する情報があふれています。誰しもが税金は少なくしたいと思うので、いざ申告・納付期限が近付くととても魅力的な情報に見えます。

仮に、そのような情報を見つけたとしましょう。たいていの場合には、欄外に小さい字で「詳しくは税理士にご相談ください」とあります。そういった情報は、必ずしも、自社の会社の節税になるかどうかは別問題なのです。

また、確かに税金は減ったけど、数年後に逆に税金が増えることもあります。つまり、単なる税金支払いの先送りでしかなかった、というケースです。その時の状況次第では、それも十分効果があったということもあります。その仕組みがわかってやっていればよいのですが、果たしてわかっているでしょうか？

支払う税金が少なくなる、というだけで魅力的に見えてしまうことが多いです。その他の負担や将来の税金も含めて本当にそれがよいのかをよく考えて検討する必要があります。

節税を考えるためにも会計知識が必要

それでは、いざ節税を検討する前にできることはないでしょうか？　実はあります。
税金を減らすためには、何も特別な契約をしなくてもできることがあるのです。
ただし、その前に、法人税をどのように計算するのか知っておく必要があるでしょう。
そのためのポイントはここでも会計知識です。

なぜ会計知識が必要となるのでしょうか？　それは、法人税の計算は、原則として「税引前利益×法人税率」で計算されるからです。法人税率は資本金の金額で決まってしまいますので、調整できません。

したがって、**税引前利益をいかに少なくするか、が法人税を少なくするためのキモ**になるのです。

そのためには、どのタイミングで売上や経費を計上しているかのチェック、貸借対照表上の資産に関して今期の経費になるものはないかどうかのチェックをすることになります。

これらは実際のお金の支払いが必要ありません。会計上でできることです。

ただし、ここが少々紛らわしいところですが、会計上の経費が法人税の計算上は経費にならない、というケースがあります。また、これとは別に、会計上、経費計上していることが要件となるものもあります。

さらに言えば、**会計に一切関係のない「特別控除」と呼ばれる、法人税が少なくなる制度もあります。**これはまっさきに検討して、もれなく受ける必要があります。

これらの計算は複雑となりますので、顧問税理士とコミュニケーションをとって、税理士任せにせずに会社も一緒に考えることが税金を少なくするコツです。

会社か個人か両方考える

会社であっても、中小企業の場合は社長個人の所得と切っても切れない関係です。会社に利益を残すのか、個人に役員報酬をたくさん払うのか。**現在は法人税率のほうが所得税率より低いので、会社に利益を残すほうがお金は残ります。**

そして、不動産を持つ場合に、会社で持つのか、個人で持つのか。これは今も昔も悩ましいところです。

事業用の不動産であっても、その用途が本社や工場など本業で使う場合と賃貸不動産など副業的な利用である場合でも判断が変わってきます。

いずれにせよ、会社で持つか個人で持つか決めるためには、会社と個人の税金、つまり法人税と所得税を考える必要があります。

不動産とは固定資産、読んで字のごとく、なかなか頻繁に動くものではないので、長い期間でシミュレーションする必要が出てきます。

具体的には、実際に購入した年、翌年以降の維持費の両方を検討するのです。

また、不動産購入に伴う銀行融資のことも考慮しなければなりません。

自己資金のみで不動産を購入するのは、一部の資産家を除いて現実的ではありません。会社であればなおさらです。いくらその不動産を気に入ったとしても、銀行融資が下りなければ購入することができないのです。

もし、無事銀行融資が下りて個人で不動産を買ったとして、会社に貸し付けたとしたら、会社がきちんと社長に家賃を支払える状況でないといけません。そうしないと社長が借入を返済できなくなってしまうからです。突き詰めていくと、会社の業績次第ということが起こり得るのです。

消費税を理解して損をしない

消費税は法人税や所得税とは全く違う計算方法をします。

具体的には、**預り消費税から支払い消費税を差し引いた残りを納税します。**この他に届け出によって、業務内容により預り消費税の何割かを納税する方法もあります。

原則として、預り消費税から支払い消費税を引いた残りということであれば、会計上の利益の10％が納付する消費税と考える方がいます。

しかし、実際は全く違います。というのも、それぞれの売上や仕入・経費ごとに消費税がかかるか、かからないかが異なるからです。

例えば、**人件費には支払い消費税がかかっていません。したがって人件費の割合が高い会社の場合は、最終利益が赤字でも消費税の納税額が発生する**ということはよくあります。

預り消費税は残っているはずだから問題ないだろう、と考えるかもしれませんが、実際は赤字の補填になってしまい、いざ納税の時に手元にお金が残っていないことがよく起こります。

消費税は常に納税すべき消費税を意識しながらお金を残しておくことが大事です。

そして、消費税については、節税をすることが難しい税金です。

消費税の納税義務と計算方法の仕組みを理解して、マメに届出のチェックを欠かさずにいることが重要です。

消費税は建物など大きな買い物をすると、還付になるケースもあります。ただし、届出を誤っていることが原因でその還付が受けられないこともあり得るのです。

節税というよりは、届出のミスで損するケースを防ぐのです。

第2章

数字嫌いの人でもわかる、あなたの会社のお金の実際

今こそ会計が重要

銀行口座もインターネットバンキングが一般化してきて、中には通帳の発行を有料とする銀行も出てきました。

今はまだ通帳を確認して、日々の入出金について過去にさかのぼって確認することができます。しかし、ウェブ通帳だと意識して確認するようにしない限りその詳細が確認できなくなってしまうでしょう。

実際、クレジットカード明細はすでにウェブ明細が主流になっています。毎月確認していますか？　していない方も多いのではないでしょうか？

会計もクラウド会計を使って自動化で、という方法が広まってきました。面倒な帳簿つけから解放された、画期的な方法だと思います。

確かに帳簿づけというのは直接お金を生む作業ではないです。しかし、**帳簿づけを自らする、というのは、お金の流れをカラダで覚える、というメリットがあった**と思います。

自動でできてしまうがゆえに、会計の知識がないと出来上がってきた会計帳簿を理解するためにはますます会計の知識が重要になるのではないでしょうか。

会社は利益を上げてお金を増やすためにあります。そのために日々の活動をしているその結果が試算表・決算書に必ず表れます。これらには、必ず将来利益を上げるためのヒントが隠されています。

お金が増えた・減った、という過程を少なくとも銀行通帳を見れば把握できたはずが、それも難しくなってきます。**今後は会計帳簿が銀行通帳の役割を担う**、といっても過言ではありません。

どうしても、苦手意識があるかもしれませんが、会社の試算表・決算書はあくまでも日々の取引の積み重ねです。会計ルールを意識して日々確認するようにすれば必ずわかるようになります。

ここからは、決算書・試算表がわかるようになるために覚えておきたいことを説明します。

決算書は3種類（プラス1種類）

まず、改めて決算書にはどのような種類があるのか、ということから話をスタートしたいと思います。

決算書の種類1つ目は**「貸借対照表」**といい、英語でB／S（バランスシート）といいます。

2つ目は**「損益計算書」**、P／L（プロフィット　アンド　ロス　ステイトメント）といい、この2種類が決算書のメインです。

家賃契約や新規取引の際に「決算書を見せてください」と言われるケースがよくありますが、その場合にはこの2つを用意してください。

その他に「株主資本等変動計算書」、最終利益から配当を支払った、といった取引を表す表があります。

3つ目として**「キャッシュフロー計算書」**（C／F）がありますが、これは上場企業だけ作成義務があります。**B／S、P／L、C／F。これらを「財務3表」**といいます。

‖ 決算書の種類 ‖

財務3表	貸借対照表（B/S）	その「時点」の財産の状況を表す
	損益計算書（P/L）	その「期間」の活動内容を表す
	キャッシュフロー計算書（C/F）	その「期間」のお金の増減の内容を表す

その他に株主資本等変動計算書がある

「決算書」は外部資料、対外的に会社の業績を表す表です。したがって、その書式（様式）のルールが統一されています。これが最大の特徴かもしれません。それぞれの会社の独自ルールで作成するとなったら外部の人には全く理解することができなくなってしまうからです。

だからこそ、**決算書はそれぞれの会社同士での比較もできる**、と言われています。

しかし、実際のところは、法人税の決算申告のため、という会社が多いかもしれません。したがって、上場会社ほど厳密に会計ルールを適用するわけではありません。むしろ税務上のルールを優先しているケースが大半です。

貸借対照表と損益計算書

決算書のメインである、貸借対照表と損益計算書はつながっています。
貸借対照表は、その「時点」の財産の状況を表します。
損益計算書は、その「期間」の活動内容を表します。

ダイエットのコマーシャルを想像してもらえたらと思います。スタート時の写真があって、このようにトレーニングをしている映像があり、結果こうなりました、という写真が出る。ここでいう**ビフォー・アフターの写真が貸借対照表、その途中過程の映像が損益計算書です。**

例えば、3月決算の会社があったとします。
2021年3月末の時点の貸借対照表、2021年4月1日から2022年3月31日の期間の損益計算書があり、その結果として2022年3月31日の貸借対照表の状態になるのです。この時間の流れを押さえてください。

そして取引の流れを加味するとわかります。
取引の流れというのはシンプルにいうと、次の通りとなります。

❶お金を集める
自分で用意する、利益をためる、借入をする

❷投資する
商品を仕入れる、設備を購入する

❸結果として利益を上げる
費用をかけて売上を上げる

ここでいう❶が「純資産」「負債」、貸借対照表の右側です。
❷が「資産」、貸借対照表の左側。
❸が「費用」「収益」、損益計算書です。
資産と費用は性格が似ています。いずれも集めてきたお金を投資したものです。では、資産と費用は何が違うのでしょうか？

取引の流れ

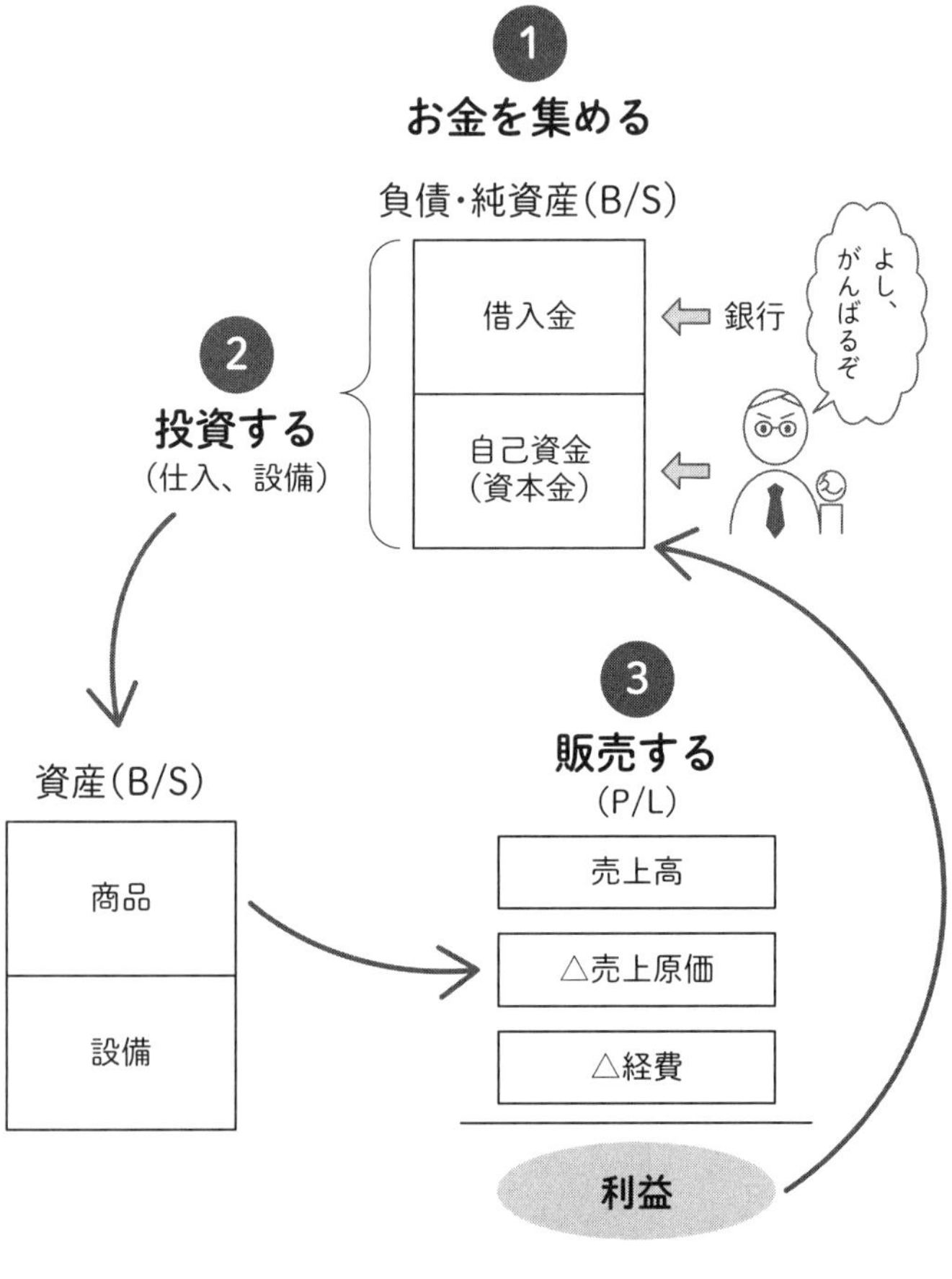

1
お金を集める
負債・純資産(B/S)
借入金
銀行
自己資金
(資本金)
よし、がんばるぞ
2
投資する
(仕入、設備)
資産(B/S)
商品
設備
3
販売する
(P/L)
売上高
△売上原価
△経費
利益

まだ価値が残っているものが資産、すでに使ってしまって価値が残っていないものが費用です。

売上は投資の結果です。その売上に貢献したものが費用、将来の売上に貢献するものが資産となります。

取引ごとに仕訳するその集計が試算表、決まった書式にまとめたのが決算書

では、決算書はどのようにできているのでしょうか。それを知るためには、まず複式簿記を知っていただく必要があります。

複式簿記とは、１つの取引を「仕訳《しわけ》」という形で表現して帳簿に記録することをいいます。

帳簿というのは、会計専用のノートとイメージしてください。**大事なのは、数字を言語としてとらえているということです。**数字だけだとさすがに難しいので「勘定科目《かんじょうかもく》」を一緒に使います。

なぜ「複式」なのかというと、1度に2つの事実を表現するからです。

例えば「交通費を1000円現金で払った」というのは、このようになります。


（借方《かりかた》）旅費交通費　1000円　（貸方《かしかた》）現金　1000円

この**「借方・貸方」、これが出てくるとギブアップする方が多いです。大丈夫です、気にする必要はありません。**
借方と貸方に何か意味があったような気もしますが、実は税理士である私もよくわかりません。仕訳の左側・右側ぐらいに思っておいていいです。ただし、左か右か、この「位置」は大事です。

先ほどの1行の仕訳に話を戻します。

これは「交通費が1000円かかった」、その結果「現金が1000円減った」という2つの事実を1行で表している、ということです。

ちなみに「交通費が1000円かかった」、これだけを表すのは「単式簿記」といいます。身近な例でいうと「家計簿」「おこづかい帳」も単式簿記です。

そして「勘定科目」の名称自体についてはあまり神経質にならないでください。例えば、文房具を買ったら「消耗品費」「事務用品費」、どちらにしますか？　どちらでもいいです。ガソリン代は「燃料費」「車両費」、どちらでもいいです。もっと言えば**日々の帳簿においては、自分でわかりやすい名称を作っても何の問題もありません。**

決算書作成の時には直しますが、むしろ日々自分で確認する時にはそのほうがわかりやすくてよいかもしれません。大事なのは、一度決めたらできるだけ変えないということです。そうしないと、過去の試算表との比較ができなくなってしまうからです。

また**「勘定科目」は、資産・負債・純資産・費用・収益の５つのグループに分かれます。**この５つのグループの内容が決算書を知るためのキモですので後でじっくり説明します。

このように、**ひとつひとつの取引を「すべて」仕訳で表すのです。それを「すべて」集計すると「試算表」ができます。**１か月分であれば「月次試算表」、１年分であれば「年間試算表」です。

‖ 勘定科目の種類 ‖

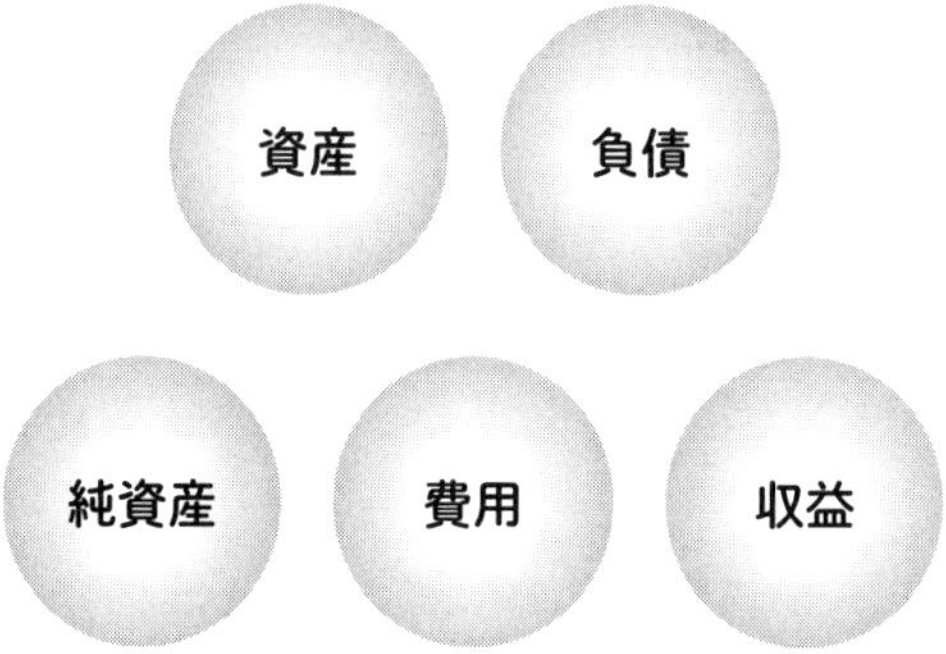

そして「年間試算表」を決まった書式にすると「決算書」になる、ということです。

この一連の流れが大事です。決算書は「事実」に基づいて作られています。その会社の1年間の実績が4、5枚にまとまるわけです。

しかし、売上が上がるという「事実」が起こるまでにさまざまなプロセスがあります。ここでいう「事実」とは「お金が関係する事実」です。

会計の世界では「お金が関係する事実」が起こってからがスタートなので、お金が絡まないプロセスは反映されません。

例えば、営業戦略を考える時間、営業先で交渉している時間というのは、直接お金が関係しません。

また、人件費が増えたという事実があっても、その人件費は社員人数が増えたのか、時間外手当が増えたのか、ということまではわかりません。

このように決算書だけではわからないこともある、ということは頭の片隅に入れておく必要があります。

決算書は年1回しか作らない。普段、確認するには試算表

決算書は、原則として年1回しか作成することがありません。1事業年度の結果を報告する書類だからです。

上場企業ではなくとも、税務署へ提出の必要がありますので、決算作業が必要です。法人税の申告期限が決算日から2か月以内、となっていることからも決算確定までにそのくらいの時間が必要であることがわかります。

決算書は、出来上がった時にはすでに2か月経過していますし、その後の経営に役立てようにも、現状の把握には使いづらいです。

そこで、**決算までの途中経過として「試算表」を作成します。**

試算表は１か月ごとに作成できます。また、自分で設定した複数の月間をまとめることも可能です。

試算表は、例えば３月決算の会社で、今がすでに10月だったとしたら、半年経過した決算書だけでなく、９月までの試算表があったほうがよいのはいうまでもありません。

融資交渉の際には、決算書のみでなく、試算表の提出も求められることが一般的です。

試算表は現金を基準に考えるとわかる

ここで、試算表がどのようになっているか、78ページの図を例にお話ししたいと思います。

試算表は、それぞれの勘定科目が一行に、左から右へ４つの数字が並びます。

一番左が前月繰越残高、一番右側が翌月繰越残高、中央の２つがその月の増減です。

試算表の見方は、まず現金の見方を覚えて、現金を基準に考えましょう。ここでいう現金は、預金も含まれます。

まず、資産は、左側が増加、右側が減少です。

現金については、左側が現金の増加、右側が現金の減少です。

その他の資産項目については、増加となる左側は「現金を払った」か「現金が入ってこない」のどちらかです。

「現金を払った」結果増える資産は、棚卸資産や固定資産、仮払金、前払費用などです。

「現金が入ってこない」結果増える資産は、受取手形や売掛金などの債権です。

負債は、資産とは逆の位置になります。右側が増加、左側が減少です。

増加となる右側は、資産とは逆の内容です。「現金を払っていない」か「現金が入ってきた」のどちらかです。

「現金を払っていない」結果増える負債は、買掛金や未払金などです。

「現金が入ってきた」結果増える負債は、借入金や預り金、前受金です。

純資産も負債と同じです。現預金を基準に言えば「現金が入ってきた」となります。

全く同じ理屈で、費用は「現金を払った」ので左側が増加、売上は「現金が入ってきた」

‖ 試算表の見方 ‖

帳票名：残高試算表（月次・期間）

事業所名：会計ルーティン

月次/期間：期間
集計期間：令和03年10月01日、令和03年10月31日
税抜/税込：税込

前月末残高300万円＋当月現金入金170万円△当月現金支出220万円＝当月末残高250万円

勘定科目	前月繰越	当月借方	当月貸方	当月残高
現金・預金	3,000,000	1,700,000	2,200,000	2,500,000
売掛金	700,000	0	700,000	0
商品	0	500,000	0	500,000
車両運搬具	0	1,700,000	0	1,700,000
長期借入金	0	0	1,000,000	1,000,000

前月末の現金の残高

当月売掛金入金
70万円（現金入金）

当月商品購入
50万円（現金支払い）

当月車両購入
170万円（現金支払い）

当月借入金入金
100万円（現金入金）

ため右側が増加です。

試算表を見れば今のお金の状態がわかる

決算書は、その時点の状況がわかるのに対して、試算表では、ある時点からその時点までの途中経過もわかることが特徴です。

決算書と試算表の違いは、貸借対照表がより顕著に表れます。損益計算書の項目である売上や費用は、減少するということはめったにないからです。売上で考えるとわかりやすいです。売上の減少する現象は、売上値引きや売上返品です。めったにないことがわかると思います。

3月決算の会社の決算書を見ると、貸借対照表に「現預金１００万円」とあったとします。3月決算なので3月末の現預金が１００万円ある、とわかります。

しかし、どのような過程の結果、１００万円になったのかはわかりません。

しかし、同じ会社の1月から3月までの試算表があるとしましょう。試算表の場合は、1月1日時点の繰越残高80万円、その期間中に250万円増加、230万円減少、3月31日残高が100万円、とわかるのです。

これが仮に、繰越残高80万円、その期間中は500万円増加、480万円減少、その結果の残高が100万円であったらいかがでしょうか？　先ほどの例とはその内容は大きく変わっていることがわかります。

このように、試算表から読み取れる内容は、決算書より多くあるということです。

内部留保がわかると貸借対照表がわかる

それではより具体的に、貸借対照表と損益計算書のそれぞれについて説明したいと思います。

貸借対照表は、設立から現在までどのぐらい会社の利益を蓄積してきたか、その結果、その会社が今どのぐらいの価値があるかわかるようになっています。

資産から負債を差し引いた残りが会社の価値です。この会社の価値を「純資産」といいます。貸借対照表はこのような構造になっているのです。

純資産のうち、資本金は元手で、残りが利益で増やした会社の価値です。

例えば、資本金３００万円でスタートした会社があったとしましょう。

１期目終了して、最終利益が１００万円だったとしたら、貸借対照表の純資産は資本金３００万円プラス利益１００万円の４００万円となります。これが１期目終わった時点での会社の価値です。

２期目の最終利益が１５０万円であったとしたら、純資産は、資本金３００万円プラス１期目の利益と２期目の利益の合計額２５０万円の５５０万円となります。

この会社の利益の蓄積を「利益剰余金」、これが最近よく話題になる「内部留保」です。

「内部留保」がすべて現金で残っているのが理想ですが、実際はなかなかそうもいきません。その後の利益を得るために、すでに他の資産になっていることが大半だからです。

とあるクライアントで利益が１０００万円計上できているのに、預金が全く増えていないケースがありました。そのクライアントは不思議そうにしていましたが、試算表を見

内部留保とはどういうものか

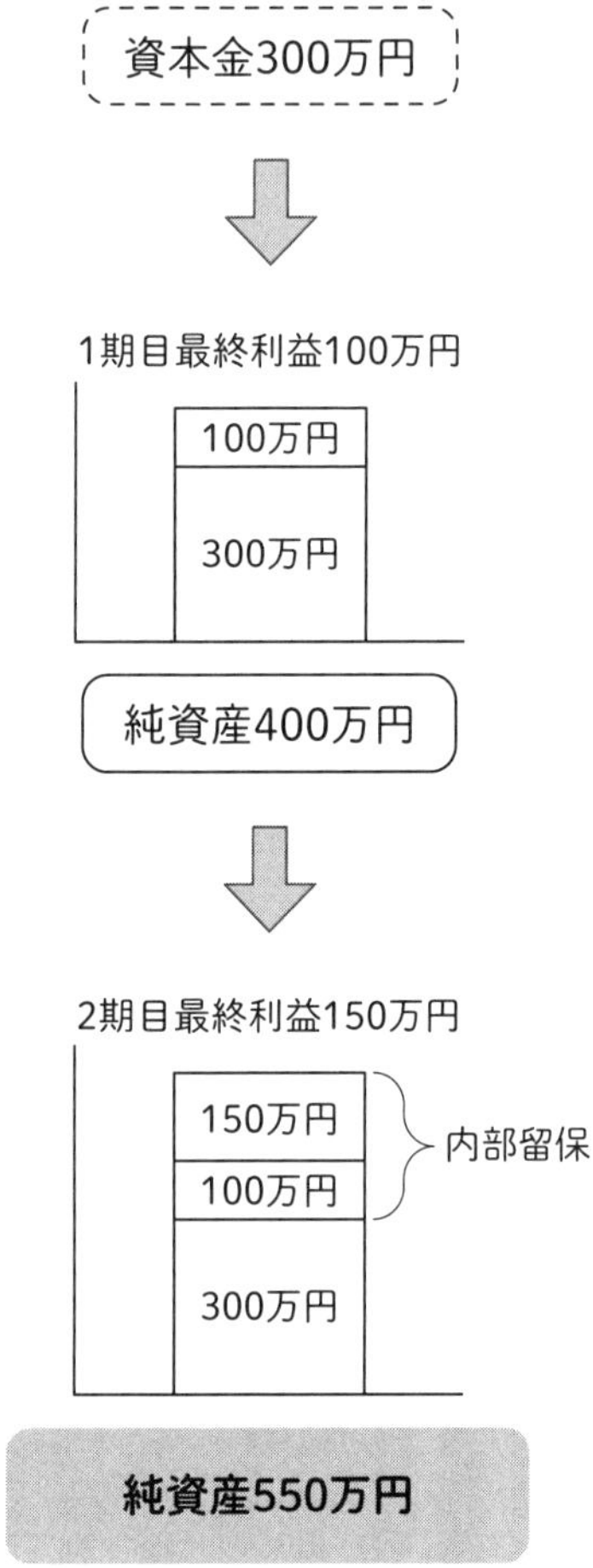

るとすぐにわかりました。利益１０００万円とほぼ同額の在庫が増えていたのです。

最初に見るところはどこか？
純資産が資本金以上かどうか

先ほど貸借対照表は、その時点の財務状況を表す「写真」だと書きました。

まず最初に見るところはどこか？　それは純資産です。

純資産の中身は、資本金プラス累積の利益、1年分の利益ではなく、設立してからその時点までの利益の合計です。

この純資産が資本金の金額以上であれば、途中で赤字の年があったとしてもトータルでは黒字になっているということです。逆にこれが資本金より少なければトータルでは赤字であるということです。

さらに、純資産がマイナスであるということはどういう意味なのか？

これは資産より負債が多い「債務超過」という状態で、理論上は経営破綻の状態であるということです。

なお、「自己資本比率」という言葉を聞いたことがあると思います。負債と純資産の合計額のうち、純資産が占める割合のことをいいます。

資産にはどのようなものがあるか

資産にはどのようなものがあるでしょうか。その性質ごとに分けると4種類あります。

❶ 現金

❷ 現金に置き換わる前のもの

いわゆる「債権」です。売上の未入金（売掛金）などがこれにあたります。

❸ 将来の経費になるもの

在庫は将来の売上原価ですし、固定資産は将来の減価償却費です。

❹ 期間損益のために仮置きしているもの

翌年の経費をまとめて支払った場合などは、翌年の経費となり、今期の経費にすることはできません。

資産は上から「現金預金」「売掛金（売掛債権）」「商品」と並んでいます。この並びは全国全業種で共通です。現金化しやすい順番で並んでいるというのが特徴です。

会計はお金を中心にとらえて、会社が今どのような状態かを表わしている、ということがこの並びからもわかります。

現金はどのぐらい持っているのが理想か

現金はどのぐらい持っているのが理想でしょうか？

どのような業種でも共通して言えるのは、少なくとも年売上の1か月分ぐらいは持っておきたい、ということです。

というのも、毎月の仕入代金や家賃・人件費などの経費の支払いに年売上の1か月分近くはかかってしまうことが多いからです。

売上代金が予定通り入ってくればよいですが、もし何かあって入金されないようなことになってしまったら、支払いができなくなる、ということになりかねないです。現預金が年商の1か月分ぐらいあれば、そういったトラブルにも対応できます。

ただし、これはあくまでも会社が黒字である前提です。

2020年に始まったコロナ不況のように、将来の見通しがわからない状態であれば、より現預金を持っていたほうが安心であることは言うまでもないでしょう。銀行からの借入金があり、返済が必要であるような場合であればなおさらです。

業績が悪化し赤字が増えれば現預金は減っていくのですから、それに備えて現金を多めに持っておくために、コロナ不況融資も多めに受けたケースが多かったのではないでしょうか？

このように、現在とその先の会社の状況によって現預金をいくら持っておくのがよいのか、というのは変わってきます。

しかし、現預金がなくなれば会社が立ち行かなくなります。**赤字では「すぐには」会社はつぶれませんが、現預金がなくなれば会社は「すぐに」つぶれてしまうのです。**

売掛金の増加には気をつける

売掛金は、売上が発生したけれどまだ入金されていない分の金額です。

店舗のように毎日現金売上の入金があればよいのですが、企業間の取引だと、末日締め・翌月末入金のように売上代金はすぐには入ってこないケースが多いです。

その間、入金はないので、売掛金が増えると資金繰りは圧迫されます。


「末日締め・翌月末入金」の場合、１か月後に入金、と考えてしまいがちです。

例えば２月分の売上代金が、３月31日になるわけですが、もし、２月分の売上の内訳が２月１日の売上のみであったら、ほぼ２か月後の入金となります。これは極端な例ですが、１か月後とは限らないということは覚えておきましょう。


資金繰りが厳しい場合には特に、大口の受注ができそうであっても、掛け取引である場合には受注するかどうか慎重に判断する必要があります。その間入金がなくても仕入や経費は発生するからです。

売上日の違いで入金日が長くなることも

末日締め・翌月末入金の場合

売上日	入金日	入金までの日数
2月28日	3月31日	ほぼ1か月
2月1日	3月31日	ほぼ2か月

同じ売上月、入金日なのに
入金までの期間が長い！

営業出身の経営者の方に多い傾向ですが、この売掛金が無事入金されて初めて本当の売上です。回収不能、いわゆる不良債権にならないように十分気をつけてください。

売上が上がっているから業績がよいと安心していたら、売掛金が増えてしまい、現金が少なくなっている、ということはよくあります。

また、一番単純な「粉飾」にもよく悪用されます。というのも、粉飾をしようとした場合に真っ先に思いつくのが架空の売上を計上することですが、現金は変えられないので、売上は発生しているけどまだ入金していない、という処理をするからです。

末日締め・翌月末入金という取引条件が

大半のはずなのに、仮に半年分の売上に相当する売掛金が残っていたらどう思いますか？　たまたま大口の売上が発生しただけかもしれませんが、不良債権がたくさんあるか、粉飾のどちらかである可能性が高いです。

棚卸資産はどのようなものがあるか

棚卸資産とは、商品や材料などいわゆる「在庫」と呼ばれるものです。在庫は、仕入れたけれどまだ売れていない分の金額です。

その他に、未配布のパンフレットや未使用のパッケージなどもあります。この場合の勘定科目は「貯蔵品」です。

また、棚卸資産というと、商品などの「物」が真っ先に思い浮かびますが、建設業などの場合には、工事売上納品前にかかった外注費や人件費・経費などを計上する「仕掛品」もあります。

棚卸資産は売れるまでは現金にならないので、増えると資金繰りを圧迫します。

資産として価値のないものがある

費用と資産の違いは、その期の売上に貢献したものか、将来の売上に貢献するものか、ということです。

決算書は1年ごとに作成するため、このように区分する必要があるのです。したがって、資産の中には「価値」自体はないけど「将来の売上に貢献するもの」だから「資産」にしている、というものがあります。

わかりやすいのは前払費用です。費用を前払いしているのですから、価値自体はすでにありません。しかし、その費用は将来の費用であるため資産に計上されているのです。

中には「仮払金」という、経費のはずだが詳細がわからないから資産に計上している項目もあります。このような「価値」がないものは除いて考えるようにしてください。

これは費用になるタイミングの問題で実質的には費用であるという考え方です。

そのような項目がやたら目立つ場合には、粉飾とまでいかなくとも、できるだけ費用を少なくして利益を多く見せようという意図があるかもしれません。

資産として計上している金額は、時価を反映していない

会計上の資産は、資産を取得した時の金額で反映されます。これを取得価額といいます。

したがって、**貸借対照表上の資産は現時点の時価を反映しません。**ここでいう時価とは、その資産を売った場合の市場価格のことです。

わかりやすいのは土地です。社歴が長い会社がバブル期に取得した土地は、現在と比べて非常に高い価額となっています。

なぜ、取得した時の金額なのでしょうか？　それは、長い期間持っていれば時価が上がったり下がったりしますが、**実際に本当に利益が出るかどうかは、売却して換金するまでは確定できないからです。**

また、換金できないのに利益が発生して、その結果法人税などがかかることになっても、実際に支払うことができないというのも一因です。逆に、時価評価した結果、損失を多く

計上し利益が少なくなってしまうため、法人税を計算するうえで経費として計算することができません。

しかし、それでは会社の実際の価値を反映することができません。そこで「減損会計」という、実際の時価で評価する方法もあります。ただし計算が困難であることから上場企業でない中小企業で採用している会社はほぼありません。

負債にはどのようなものがあるか

それでは、負債にはどのようなものがあるでしょうか。資産と逆の性質のものと考えればわかりやすいです。

❶現金を支払う前のもの

「債務」です。借入金や仕入や経費の未払金など。

❷将来の売上になるもの

手付金は将来の売上です。

❸期間損益のために仮置きしているもの

資産と同じように、翌年の収入をまとめてもらうことがあります。例えば家賃収入を年払いで受け取った場合などです。

借入金だけが負債ではない。入金だけど負債？

負債というと一般的には「借入金」を思い浮かべると思いますが、それだけではありません。**仕入代金の支払いを待ってもらう「買掛金」、経費の支払いを待ってもらう「未払金」も負債**です。

「無借金経営」であることをアピールする人の決算書を見たら、買掛金や未払金がやけに多い、というケースがあります。それは取引先（仕入先）に無理をさせているだけなのです。

また「前受金」「預り金」、これらも負債です。

前受金というのは、売上の事前入金、預り金というのは、何らかの資金預り金です。例えば、不動産賃貸業の会社が家賃の敷金を預かっているようなケースです。これはお金が

‖ 負債の種別 ‖

借入金	他から借りたお金
買掛金	仕入代金の支払いを待ってもらうお金
未払金	経費の支払いを待ってもらうお金
前受金	手付金や中間金等、売上金の事前入金
預り金	何らかの資金預り金

入ってきているものの、自分の会社のお金ではありません。

よく「資金繰りを楽にするためにチケット制などの売上の前受制度を考えましょう」という話があります。もちろんそれもひとつの方法です。

しかし、それを当てにする経営をすると、前受金が入り続ける体制を作る必要があります。もし前受金が入らなくなったらどうなるでしょうか？　さらに何か事情があって、一斉に返金申し込みがあったら、すぐに倒産の危機になります。

また、建設業の場合には、工事完了の前に手付金や中間金を受け取ります。これらも前受金です。なぜこのような慣習があるかというと、工事にかかる材料費や外注費を事前に支払う必要があるからです。

となると、前受金から材料費などを支払うのが一般的と思われますが、前受金はそのまま現金として持っておくようにしましょう。

受注工事が常に１件のみであれば把握できるかもしれませんが、複数の工事を請け負っていた場合、Ａ工事の前受金からＢ工事の材料費を支払う、といったことが起きてしまいます。これだと資金繰りの把握が複雑になってしまうのです。

利益と同じだけの現金はどこに行った？

初めて会計に触れる方とお話ししていると、利益はわかるのですが、利益と同額だけ現金が増えたかどうかは別である、というのがわかりにくいようです。

利益が出た、イコール儲かった、イコール現金が増えた、ということです。そのようになればよいのですが、現実にはそうはならないです。

実際の利益と増えた現金との差は何だろう、という視点をもって貸借対照表を見ると、理解が深まります。ただし、ここで言う貸借対照表は2期分です。比較してその増減額を見ないとわかりません。

貸借対照表の右側、負債と純資産が資金の調達です。資本金は増資や減資がない限りは変わりません。したがって負債の項目が増えていたら現金が増えます。

貸借対照表の左側、資産が投資、お金の使い道です。現金以外の項目が増えれば現金が減ります。

利益から資産・負債の増減をプラスマイナスすると、現金がいくら増えたのか・減ったのかの原因がわかります。この増えた金額、減った金額がキャッシュフローです。

5つの利益

損益計算書は1年間の売上から経費・法人税を引いた残りが最終利益、とその1年間の最終利益がどうやって獲得できたか、がその利益の性質別にわかるようになっています。

まず、全体の構成を覚えてください。5つの利益が出てきます。

利益の種別

売上総利益	売上から売上原価を引いた残り。 いわゆる「粗利益」
営業利益	売上総利益から販売費および一般管理費、 つまり「販管費」を引いた残り
経常利益	営業利益から財務損益や副業的な損益を 足し引きした残り
税引前 当期利益	経常利益から「特別利益」「特別損失」を 足し引きした残り
当期利益	税引前当期利益から法人税などの利益を 基準とする税金を引いた最終利益

1つ目が「売上総利益」、売上から売上原価を引いた残り、いわゆる「粗利益（あらりえき）」です。これが大本となる利益です。

通常はここがマイナスになることはあり得ません。マイナスになっている場合は、仕入額のうち、一部をサンプルとして顧客に配ったものが売上原価に含まれてしまっている、といった会計上の誤りが考えられます。

2つ目が「営業利益」、売上総利益から「販売費および一般管理費」、「販管費《はんかんひ》」と呼ばれる経費を引いた残りです。本業の実力を表します。

3つ目が「経常利益」、営業利益から「営

業外損益」、利息などの財務損益や例えば不動産業以外の事業を行っている会社の家賃収入といった副業的な損益を足し引きした残りです。通常（日常）の企業活動により残る利益です。

4つ目が「税引前当期利益」、経常利益から突発的に起こった損益である「特別利益」「特別損失」を足し引きした残りです。

5つ目が「当期利益」、税引前当期利益から法人税などの利益を基準とする税金を引いた最終利益です。

損益計算書では1年間の活動内容がわかります。いくら売上を上げたのか、そのためにいくら費用を使って、その結果利益はいくら獲得できたか、です。

貸借対照表は、1年間の事業活動の結果、累積利益はいくらになったか、はわかるのですが、その途中経過がわかりません。したがって、**この先さらにどうやって利益を得ようか、というヒントは損益計算書にある、ということです。**

売上は「客単価×客数×リピート率」で決まる

損益計算書を見ると、1年間の売上高合計はわかります。しかし、売上高が3000万円とあっても、その内容がわからなければ改善のヒントは見つかりません。極端に言えば、100万円の売上が30件あったのかと、10万円の売上が300件あったのかでは、その内容は大きく違うのがわかります。その売上を得るための費用がその下にある売上原価や販売費および一般管理費（通称「販管費」）であるからです。

具体的に言えば、1件あたり100万円の売上は高額商品になるでしょう。となると、それに見合う事務所も立地のよい場所に設定することになるでしょう。

どちらかといえば対面による営業が多いでしょう。となると接待交際費もかかってくるかもしれません。

このようにその商品によってかかる経費も変わってくるということです。同じ車であっても、ベンツを購入する顧客と中古の軽自動車を購入する顧客層はその嗜好は変わりますよね？

もっともこれは一例ですので、コストを抑えて高級感を出す方法もあるでしょう。そこが工夫のしどころともいえます。

重要なのは、損益計算書の金額の詳細を知るということです。

利益率と利益額、どちらが重要か

利益率とは、売上を１００とした場合の利益の割合です。例えば売上２億円、利益１０００万円だとしたら、１０００万円÷２億円＝５％と計算できます。これに対して、**利益額とはその字のまま、**利益１０００万円を指します。

利益率は、同業他社の比較がしやすいです。他社の決算書を見ることはまずないことが普通でしょうから、同業他社の比較がしやすい利益率を重要視するかもしれません。

ただし、そもそも同業他社として数字が公開されているのは上場企業です。上場企業の３％と自社の３％は大きく違います。これを単純に比較してしまうのは危険です。売上が１００億円であれば３％で３億円です。売上が１億円であれば３００万円です。上場企業と同じ利益率だからといっても利益額で考えると全く異なります。

また、業種によっては、売上と粗利益が比例しない業種があります。商品の値段にかかわらず、多少の違いはあれど、1件あたり売上によって利益がある程度決まってくるケースです。したがって、その自社の扱っている商品の特性によっては利益率のみ重要視するのは危険です。

しかし、**一方で利益率をよくしよう、と工夫をすると利益額が一気に増えます。**実際に計算してみるとその違いに驚くでしょう。

同じ売上内容で利益率をよくするのは難しくても、関連する利益率のよい売上に比重を変えていくということもあります。

実際に私のクライアントであったのは、修理工事業からメンテナンス業へ比率を変えたケースです。

修理工事業の利益率は50%、メンテナンス業の利益率は80%だったので、徐々にメンテナンス業の方に力を入れるように移行していきました。

修理工事売上とメンテナンス売上はそれぞれ関連が深かったのでメンテナンス業のみとはしませんでしたが、大きく利益は増えました。

わかりづらい経費その１：売上原価

経費のうち、わかりづらいと感じるものが２つあります。

まず１つ目が「売上原価」です。さらに言うと「売上原価の計算のしかた」です。

例えば、不動産や貴金属など、売れる数が少ない場合にはすぐにわかります。

Ａ土地の仕入は２０００万円、これが２５００万円で売れたら、売上原価は２０００万円です。しかし、仕入単価が低く、膨大な種類の商品を扱っている場合には、それぞれの売上に対する売上原価を把握するのは難しいです。もっともできるのであれば、できるようにしたほうが望ましいですが。


そこで、次のような計算をします。

例えば、商品の１個あたりの仕入額が８００円として

❶期首には在庫10個ありました
❷当期中に１００個仕入れました
❸期末には20個残っていました

といったケースの場合には

❶期首在庫は　８００円×10個＝８０００円
❷当期仕入高は　８００円×１００個＝８万円
❸期末在庫は　８００円×20個＝１万６０００円

「期首棚卸高８０００円」＋「当期仕入高８万円」－「期末棚卸高１万６０００円」＝７万２０００円　これが売上原価となります。

また、商品点数があまりにも多ければ毎月在庫を数える実地棚卸は困難でしょうが、帳簿上は在庫把握できるような対策をしましょう。

棚卸の処理は毎月末できることが理想です。そうしないと、毎月の試算表上は仕入額のみが売上原価となってしまい、実際の売上原価が把握できなくなってしまうからです。

‖ 売上原価の考え方 ‖

（例）

商品1個あたりの仕入額が800円
その商品の期首の在庫が10個
当期中に100個仕入れて、期末に20個残った

1. 期首在庫を計算する

800円×10個＝8,000円→**期首在庫高**

2. 当期仕入高を計算する

800円×100個＝80,000円→**当期仕入高**

3. 期末在庫を計算する

800円×20個＝16,000円→**期末在庫高**

4. 期首在庫高と当期仕入高の合計から、期末在庫を引く

8,000円＋80,000円－16,000円＝72,000円→**売上原価**

売上原価＝期首在庫高＋当期仕入高－期末在庫高

期首在庫	売上原価
仕入高	
	期末在庫

わかりづらい経費その２：減価償却費

そして２つ目が「減価償却費《げんかしょうきゃくひ》」です。減価償却費とは、固定資産に関する経費です。

例えば、車を３００万円で購入しました。取得した時に３００万円全額経費にできればよいのですが、そういうわけにはいきません。というのも、その１年で価値がゼロになるわけではないからです。

とはいえ、１年後と2年後、同じ価値のままではありません。**実際の使用期間に応じて価値が減っていきます。そこで、年々価値が減った分の金額を経費にします。その経費を「減価償却費」といいます。**

では、減価償却費はどのように計算すればよいのでしょうか？　先ほどの車の場合には次のように計算します。

「取得価額３００万円」÷「耐用年数６年」＝50万円　これが１年あたりの減価償却費

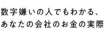

減価償却費の計算方法

車を300万円で取得した場合

定額法

その法定耐用年数の期間中に、**毎年一定額**が減価償却費となる計算方法

取得金額300万円÷法定耐用年数6年＝50万円

定率法

その法定耐用年数の期間中に、**毎年一定率**が減価償却費となる計算方法

1年目⇒未償却残高300万円×定率法の償却率0.333＝99万9000円

2年目⇒未償却残高200万1000円×定率法の償却率0.333＝約66万円

となります。なお、その耐用年数の期間中に、毎年一定額が減価償却費となる計算方法を「定額法《ていがくほう》」といいます。

「法定耐用年数《ほうていたいようねんすう》」とは、その資産の種類や構造などによって、どのぐらい使用できるのか税法であらかじめ決まっている年数のことです。

それぞれの会社で自由に決められるとなると、1年あたりの経費の金額が自由に決めることができてしまうからです。

「法定耐用年数6年」であれば6年間で全額が経費になるということです。

定額法の他に、その耐用年数の期間中に、毎年一定率が減価償却費となる計算方

法があります。これを「定率法《ていりつほう》」といいます。

６年の場合の割合は「０・３３３」なので、１年目は３００万円×０・３３３＝99万９０００円。２年目は３００万円から99万９０００円を引いた残り２００万１０００円×０・３３３＝約66万円。

定率法はこのように最初の年の減価償却費が一番多く、だんだんと少なくなります。

減価償却費については、耐用年数は何年になるのか？　計算方法はどちらがよいのか？など細かいルールがたくさんあります。

高額な設備投資であればその影響は大きいので、国税庁のサイトで調べたり、事前に顧問税理士の先生に相談することをお勧めします。

また、減価償却費は、その期に実際に現金が出ていかない経費です。

固定資産を購入した時にすでに現金は支払っているのが原則で、仮にローンで購入した場合には返済期間に応じて「未払金」「長期未払金」となり、ローンの返済は未払金などを減らす処理をします。実際の現金の支払い金額と減価償却費の金額は連動しません。

96ページでキャッシュフローは「利益」から資産・負債の増減をプラスマイナスする、とお話ししましたが、正確にいうと「利益に減価償却費をプラスした金額」から資産・負債の増減をプラスマイナスして計算しなければなりません。

また、資産・負債の増減をプラスマイナスするのが大変な場合には、「利益に減価償却費をプラスした金額」を簡易的にキャッシュフローと考える「簡易キャッシュフロー」もあります。

消費税の会計処理は2種類

売上が、税抜き１００万円であれば、税込み１１０万円となります。この売上をどのように会計処理するかは２つの方法があります。

ひとつは、消費税は区別して、売上１００万円、預り消費税10万円と経理する方法、この方法を「税抜経理」といいます。一方で、消費税を区別することなく、売上１１０万円と経理する方法、この方法を「税込経理」といいます。

税抜経理と税込経理は会計上どちらを採用するかは会社の自由です。ただし、消費税の

納税義務がない会社は税込経理しか採用できません。

ではどちらを採用するかを考えるために、まず、消費税申告の計算方法を知ってください。

会社は売上に対して消費税10％上乗せして得意先に請求します。先ほどの例であれば、預り消費税は10万円です。この預り消費税から、逆に仕入先から請求されて支払った消費税を差し引きます。仕入高が80万円であれば支払い消費税は８万円です。10万円から８万円を差し引いた残り２万円、これが納める消費税となります。

このように考えると、利益の10％が納める消費税であると考えてしまいますが、実際は違います。

というのも、売上の中に消費税を預からないものがあったり、仕入や経費の中に消費税を支払わないものがあるからです。経費の中で消費税を支払わないものは、主に給与などの人件費、税金や保険料です。

そうなると、**人件費率が高い業種になると、会計上は赤字なのに納める消費税が高くなることがあるのです。**消費税は預り金なのだから、その分だけ現金が残っているのが理想

消費税申告の落とし穴

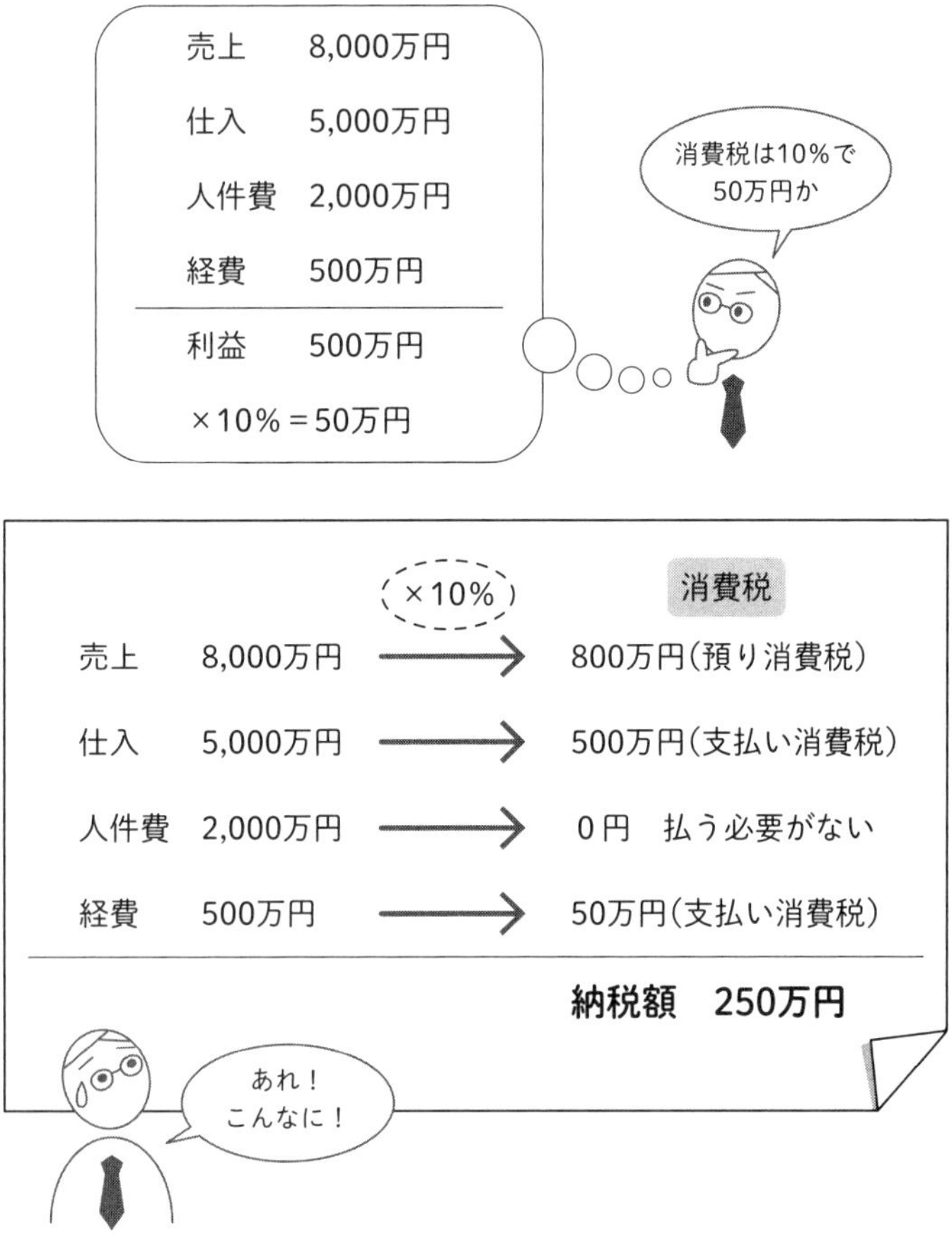

人件費が多いと、赤字であっても
消費税を納税しなくてはならない場合がある

ですが、意識しないと知らず知らずのうちに赤字の補填になってしまうのです。

税抜経理の場合は、預かった消費税を負債である「仮受消費税」として、支払った消費税を資産である「仮払消費税」として経理します。税抜経理であれば、仮受消費税と仮払消費税がすぐにわかりますので、現時点で消費税を納めるために残しておくべき現金がすぐにわかります。

税込経理の場合は、消費税を納めるために残しておくべき金額は試算表上ではすぐにわかりません。ただし、資金繰りを考える場合には、受け取ったお金１１０万円が売上、となるので感覚的にわかりやすいです。

会計上の利益は、税抜経理・税込経理どちらを採用するかによって変わるのでしょうか？

これは、固定資産を購入した場合には変わってきます。税抜３００万円、税込３３０万円の固定資産を購入すると、税抜経理の場合は取得価額３００万円、税込経理の場合は３３０万円となり、当期の減価償却費の金額が変わってくるからです。

ただし、これは例外です。それ以外の場合では利益は変わらないです。

それではどちらがよいでしょうか？

クライアントに相談された場合、以前は税抜経理をお勧めしていました。税率も10％となり金額が大きくなってきたので、残しておくべき現金がいくらなのかわかるかどうかが重要であるからです。

しかし、今の会計ソフトは税抜・税込経理の変更は、ボタン一つで変えることができますので、たとえ税込経理を選択していても、目安はすぐにわかります。

いったん決めたら頻繁に変更するのは前期との比較ができなくなるのでお勧めできませんが、どちらも一長一短です。どちらでもかまいません。したがって、どちらか直感的にわかりやすい方法を選ぶのがよいです。

ここでいう「直感的」とは、普段どちらの金額で管理しているかです。例えば、会社の商品の値段を税抜金額で管理しているか、税込金額で管理しているか、といったことです。

第3章

お金はどう用意する？
足りなくなる前に借りる！
銀行との本当の付き合い方

お金を用意する＝貸借対照表の右側

事業に必要なお金はどう用意するのでしょうか？

貸借対照表の右側の話です。

貸借対照表の右側は「お金を集める」、「純資産」と「負債」です。

実は別名があります。**「純資産」は「自己資本」、「負債」は「他人資本」**といいます。

読んで字のごとく、です。


純資産は、自分で用意したお金、主には資本金と利益剰余金（累積利益）です。自己資本なので返さなくてよいお金です。

これに対して負債は、借入金、買掛金などです。他人資本なので返さなければいけないお金です。


借入、つまり「借金」ですが、どうもこれに抵抗のある方が多いです。となると自分で用意するしかなくなります。

では、そのお金を貯めるまでにどのぐらいかかるでしょうか？　１０００万円必要として、1年間に１００万円貯めて３００万円まで貯まったとしましょう。残り７００万円……。自分で貯めるまでにはあと7年かかります。

自分の7年後を想像できますか？　それならば３００万円を持って残り７００万円を借りてスタートしましょう。

１００万円貯めるのも、毎年１００万円返済するのも同じです。違いはすでに事業を始められているということです。これが借入の本質です。事業を始めるのに必要なお金を貯めるための時間を買うのです。

もっと言うと、たとえ事業を始めるためのお金がすでに手元にあったとしても、将来の事業を考えた時には予定通りの時期に事業が軌道に乗らないことも考えられるでしょう。すでに用意できたお金の一部は個人で持っておいて、借入をしたほうがよいです。

赤字で会社はすぐにつぶれることはありません。お金がなくなった時につぶれるのです。

したがって、常に手許に余裕をもっておく、という考えが重要です。

資本金はいくらにするか

それであれば「返さなくてよいお金」、出資を多く募るのがよいという考えもありますが、実際のところはどうでしょうか？

まず、資本金はいくら用意するのがよいのか？　これを考えます。

これは、この事業を始めるのにいくら資金が必要であるか、から考えるのです。

1000万円必要な事業であれば、やはりその3割、300万円は資本金を用意しましょう。１０００万円かかる事業を行うのに、自己資金３００万円が用意できないとなるとその事業に対して真剣でないのか？　と見えてしまいます。

不動産購入の時にも似ています。フルローンで不動産購入する、ということもありますが、やはり2割ないし3割の自己資金は求められます。

というのも、不動産の担保価値はおおむね時価の7割と見積もられることが多いからです。不動産購入の段階で不動産会社の利益が上乗せされているので、実際の価値はそのくらいと考えられているのでしょう。

設立当初は赤字となってしまうことが大半です。

資本金より赤字が増えると「債務超過」となってしまいます。**制度上は資本金1円でも会社設立は可能ですが、ボールペン1本購入しただけで債務超過となってしまいます。これでは会社とはいえないです。**


これが仮に、コンサルタント業など、設立時の投資にあまりお金がかからないような事業であれば100万円といった会社もあります。

しかし、資本金は誰でも入手できる登記簿謄本にも記載されます。

300万円というのは、会社設立のための資本金要件があったころの有限会社の最低資本金額でもあります。

なお、そのころの株式会社の最低資本金額は1000万円でした。

会社としての信用のひとつとして、300万円が目安になるともいえます。

資本金とは？　出資＝経営権

「資本金」とはいわゆる「出資」です。株主が会社にお金を入れます。例えば資本金が３００万円としましょう。今は株券を発行することはほとんどなくなりましたが、３００万円に相当する株式の権利を持つことになります。

では、**この会社は誰のもの（所有）なのでしょうか？　それは３００万円を出した株主のものです。**経営権とも言い換えられます。

そうすると、経営権を持っているのは社長、と思われそうです。

たしかに中小企業の多くは株主と社長が同一人物ですが、仮に社長が株式を持っていなかったらどういうことになるでしょうか？

いわゆる「雇われ社長」となります。なお、社長は会社登記上「代表取締役」です。

会社の最高機関、最終意思決定機関は「株主総会」です。原則として、持っている株式の割合に応じて株主総会の議決権がもらえます。

余談ですが、現在の会社法では「種類株式」といって、議決権のない株式など特殊な株式を発行できますが、まずここではおいておきます。

つまり通常は、株式を持っていなければ議決権がないわけです。もし「社長解任！」となれば賛成・反対何も意見が言える立場ではないのです。したがって株式を誰が、どのぐらい持つのかというのは非常に重要です。

よく、２人でお金を出し合って会社を作りました、という話を聞きますが、これがお互いに半分ずつ、１５０万円ずつ出資しあって資本金３００万円の会社を作ります、となると案外困ってしまいます。お互いの意見が分かれた時、過半数を超えるということがないので、できればどちらかが多いようにしたほうがよいです。

もっと言うと、中小企業で経営者が複数というのはあまりお勧めできません。

中小企業であれば最終意思決定者は一人のほうがよいです。お互いの意見が分かれて、最終的には袂を分かつというケースが多いです。そういったことが起こらなくても、会社を次の世代に引き継ぐことがスムーズにできなくなることがあるからです。

また、自分ひとりで３００万円用意できなかったので、身内にお願いして１５０万円出資してもらう、これも避けたほうがよいです。

その身内の方も株主として経営に関与するのであればよいのですが、**出資イコール経営権ですので、経営に関与しない人が株主になるのは避けたほうがよいのです。**

この場合は、社長がその身内の方から個人的に１５０万円を借りて、社長が３００万円出資するという方法がよいです。

借入は金融機関から

経営権は自ら持っておくのが重要ですので、資金が足りない場合には借りてくるのがよいということになります。それではどこから借りてくるのがよいでしょうか？

これは、金融機関から、ということになります。

まず、身内や友人など個人からお金を借りるのはお勧めいたしません。事業用の資金１００万円と、サラリーマンの１００万円は大きく違います。もし返せなければその方は非常に困るでしょう。関係が悪化する可能性が高いです。

それに対して、金融機関はまさにお金を融資することを事業としています。資金が必要なのであれば、金融機関から借りるべきです。提出書類などは多くなりますが、預金者のお金を借りるわけですから当然のことです。

金融機関からの融資だと利息がもったいない、という方がいます。今の銀行借入利息はどのぐらいでしょうか？　高くても３％台、１〜２％が多いです。中にはとうとう１％にも満たないケースが、と思ったらそれさえも珍しくなってきました。このぐらいの費用は、会社を続けるための「保険」と考えられるのではないでしょうか？

無借金経営を目指してはいけません。理想は「実質無借金」、いつでも返せるだけのお金が手元にある状態です。ただし、これも「目指す」というものでなく、結果としてそうなっていた、という状態が理想です。

中には信念を持って「絶対借入はしない。経営が甘くなるから」という方もいました。それも一理あると思います。確かに、預金残高が増えると安心してしまって余計な経費をかけてしまうこともあるのでその視点は大事かもしれません。

しかし、固定資産などを借入金でなく全額自己資金で購入すると、取得価額分のお金が出ていくのに、全額経費にならないので、その差額が利益となり税金がかかる、といったことが生じます。

このような場合には、借入金で購入することによって支払いと経費計上を一致させる、ということも可能です。

早めに融資の返済実績を作る

これは事業の内容によりますが、できるだけ早めに、可能であれば起業と同時に借入することをお勧めしています。理由は3つあります。

1つ目は、これは起業と同時に借入する場合ですが、**実績が出ていない計画だけで借入が受けられる唯一のタイミング**だからです。

計画はあくまでも計画でしかないです。実際に黒字決算という実績を作るのはやはり大変です。一度実績ができると、その実績が基準となります。よい結果になっていればよい

起業と同時に借入をしたほうがいい理由

1
実績が出ていない計画だけで借入ができる唯一のタイミングだから

2
借入の実績を早く作ることができるから

3
手元資金に余裕を持っておくことが重要なため

ですが、それはその時にならないとわからないからです。

２つ目は、借入の実績を早く作ることができるからです。これは言い換えると「借入返済」という実績を作ることになります。**借りたお金をしっかり返してくれた、という「信用」を得るわけです。**

例えば、５年間何とか無借金でがんばってきました、大きなチャンスがきて１０００万円必要だけど手元資金に余裕がない、だから銀行に借入を申し込みます、となるとなかなか難しいです。それならば、手元資金に余裕があるうちに３００万円借りて返した実績を作っておきましょう。そちらのほうが圧倒的に融資審査も楽です。

3つ目は、手元資金は余裕を持っておくことが重要だからです。銀行は手元資金がなくなってからだと貸してくれません。

手元にお金がない、という状態はものすごいプレッシャーとなります。そして、お客様を見られなくなります。こちらの都合だけで無理な営業をすることになります。お客様がまだ迷っている段階で契約をして、心の中ではこれで今月の家賃が払える、とつい考えてしまいます。お客様は察知します。結果として、業績は下がっていきます。

また、逆に足もとを見られて、赤字の値段でも受注せざるを得なくなってしまうようなことも起こってしまいます。通常は断るところですが、断れなくなるのです。赤字であろうと、その売上分の入金が見込めるからです。

運転資金と設備資金を知る（その1）

融資は、その資金の使い道によって2種類に分けられます。

1つ目が運転資金です。運転資金は、設備資金以外の、事業を維持するための資金です。

運転資金はさらに3つに分けることができます。

❶事業規模の拡大に伴い必要となる資金

代表的なものは、売上増加資金です。売上が増加するのに資金が必要になる、というのはあまりピンとこないかもしれません。

しかし、**常に売上代金の入金よりも仕入代金の支払いのほうが先に発生します。したがって、売上が上がれば上がるほど、動くお金は多くなり、資金繰りは忙しくなります。**

なお、このような資金のことを会計用語で「必要運転資金」といいます。理論上は、必要運転資金は「売掛債権＋在庫－買掛債務」の算式で表されます。

ただし、これも目安でしかありません。というのも、事業拡大のために、社員やパート採用をする、など固定費も増加することが一般的だからです。

この運転資金は、常に必要となる資金となりますので、返済期間は5年から7年と長期になります。さらに、返済がまだ完了していない、半分ぐらい返済が進んだ時点で、当初借入額を再び借りて、残り半分を返済する、といったことも可能です。

例えば、当初1000万円借入して、返済が進んで残り600万円になった時点で、再度1000万円借り入れて、同時に600万円返済して、差し引き400万円入金になる、

運転資金の種類

必要運転資金

事業の拡大に伴い必要となる資金

季節変動資金

一時的な資金の減少や支払いのために必要となる資金

不況対策資金

不況時などに事業を支えるために必要となる資金

といった取引です。このような融資を「折り返し融資」「借り換え」といい、この入金になった400万円のことを、通称「真《ま》水《みず》」といいます。

❷ 一時的な資金の減少や支払いのために必要となる資金

売上の金額が毎月おおむね同じである、という事業であればよいのですが、例えばビール業界、スキー業界といった、**特定の時期に売上が偏るような事業の場合には、一時的に資金が必要になります。これを季節変動資金といいます。**

季節変動があるかどうかは、月別の売上を年間で確認するのがよいです。案外このような季節変動がある事業はたくさんあります。

また、賞与支払いのため、納税資金のため、といった一時的に必要な資金もあります。これらの資金はあくまでも一時的な資金であるため、1年以内で返済します。分割でなく半年後の一括返済となることもあります。

❸不況時などに事業を支えるために必要となる資金

2020年のコロナ融資のような不況対策資金です。いわゆる赤字の補塡のための資金となります。

赤字が続きお金がなくなったら倒産してしまいます。通常であれば会社が赤字になると融資は難しくなりますが、それが急激な景気悪化が原因である場合、会社の努力のみではどうしようもありません。このまま融資しないと多くの会社が倒産となってしまいます。

銀行は地域の経済を支えるといった公的役割があります。したがって、赤字の会社を支えるための融資があるということです。

返済期間は、2020年のコロナ融資のように、最長10年と長くなります。また、当初は利息の支払いのみで返済を待ってもらえる、いわゆる「(返済)据え置き期間」が設けられることがあります。というのも、すぐに業績回復すれば一番よいですが、業績回復のために一定期間、時間がかかると予想されるからです。

運転資金と設備資金を知る（その2）

2つ目が設備資金です。これは、固定資産の購入、例えば不動産を購入しようとした場合に利用する融資です。

したがって、事前に詳細な投資計画を作成し、購入にあたっての見積書なども提出します。さらに、融資実行になった場合には、領収書の提出も求められます。

返済期限は、その固定資産の内容によりますが、最長で20年ないし25年ぐらいになります。

そして、**運転資金とは違い、返済期間の途中で別の融資と借り換えすることができません。**したがって、返済期間中は必ず税引後利益（最終利益）と減価償却費の合計額が、年間返済額よりも多くなる計画が必要となります。そうしないと、運転資金から設備資金の融資を返済する状態となってしまいます。

融資金額が多くなり、かつ返済期間も長くなるので、その投資に見合った利益が得られるか、の計画が重要であるといえます。

そして、設備投資によって、事業規模が拡大するし、その効果による利益が計上できる時期にタイムラグが生じるので、運転資金も同時に借入することが一般的です。

「いくら借りられる？」はダメ！　いくら必要か

融資の申し込みにあたって私が相談を受ける時に一番多い質問は「当社はいくら借りられるでしょうか？」です。しかし、この質問は誰にも答えられませんし、そもそも意味がないと考えています。

融資はいくら必要だから融資してほしい、と申し込むものです。あればあるだけ、と言いたくなる気持ちもわからなくはないのですが、それでは融資の審査のしようがありません。

そのためには、資金繰り表を書いてみるしかありません。自社がこのまま融資を受けないままでも余裕をもって経営していけるのかどうか、余裕を持たせるためにはいくら必要なのか、ということです。

では、余裕があるというのはどのくらいの手元資金がある状態でしょうか？　これは事業内容にもよりますが、共通して言えるのは、売上の1、2か月分の現金がある状態です。

したがって、**初めての融資の時には、手元余裕資金として売上の1か月分くらい持っておきたい、というのは銀行からも理解が得られるでしょう。**

事業計画書の概要
損益計画、収支計画（資金繰り表）、投資計画

融資申し込みする時に提出する事業計画書は何を作ればよいでしょうか？

損益計画、収支計画（資金繰り表）、そして申し込むのが設備資金である場合には、投資計画も作ります。

運転資金の申し込みの場合には提出を求められないこともありますが、ご自身で作ることを強くお勧めします。

これらを事前に作成していれば、計画に問題ないかの確認もできますし、目の前の銀行員との融資交渉の際に、ちぐはぐな受け答えをしなくてすむからです。


では、具体的にはどのように作成すればよいでしょうか？

日本政策金融公庫のウェブサイトには、業種別のサンプルが掲載されています。とてもわかりやすいのでまずダウンロードしてみましょう。

https://www.jfc.go.jp/n/service/dl_kokumin.html

ここでは、4「創業計画書記入例」の「婦人服・子供服小売業」を例にとります。新規事業計画や新規設備投資計画も全く同じ要領です。

なお実際の創業計画書には多種の項目が掲載されていますが、ここでは用紙の右側にある「7　必要な資金と調達方法」と「8　事業の見通し」を抜粋して紹介します。


この7が貸借対照表、8が損益計算書である、ということがわかりますか？

7の表は、貸借対照表と上下は逆の並びになっているだけです。

左側の設備資金は固定資産、運転資金は商品仕入や諸経費が、資金の使い道になっています。

‖ 事業計画書の作成例 ‖

7　必要な資金と調達方法

	必要な資金	見積先	金額	調達の方法	金額
設備資金	店舗、工場、車両など(内訳)		620万円	自己資金	250万円
	・内装工事費	○○社	400	親、兄弟、知人、友人などからの借入(内訳・返済方法)	万円
	・備品類	○×社	50		
	・商品棚	△△社	80		
	・保証金		90	日本政策金融公庫 国民生活事業からの借入 元金7万円×86回 (年○.○%)	600万円
				他の金融機関などからの借入(内訳・返済方法)	万円
運転資金	商品仕入、経費支払資金など(内訳)		230万円		
	・商品仕入		200		
	・広告費等諸経費支払		30		
合計			850万円	合計	850万円

8　事業の見通し(月平均)

		創業当初	1年後 又は軌道に乗った後 (○年○月頃)
売上高①		195万円	234万円
売上原価② (仕入高)		117万円	141万円
経費	人件費(注)	11万円	16万円
	家賃	15万円	15万円
	支払利息	2万円	2万円
	その他	11万円	16万円
	合計③	39万円	49万円
利益 ①－②－③		39万円	44万円

売上高、売上原価(仕入高)、経費を計算された根拠をご記入ください。

〈創業当初〉
①売上高
　7,500円(平均単価)×10人／日×26日＝195万円
②原価率　60%(勤務時の経験から)
③人件費　アルバイト1人
　時給800円×5時間／日×26日＝11万円
　家賃15万円
　支払利息　600万円×年○.○%÷12か月＝2万円
　その他　リース料、光熱費、通信費など　11万円

〈創業1年後(軌道に乗った時)〉
①創業当初の1.2倍(勤務時の経験から)
②当初の原価率を採用
③人件費　アルバイト1人増　5万円増
　その他経費　5万円増

(注)個人営業の場合、事業主分は含めません。
※日本政策金融公庫　創業計画書
　記入例より抜粋

この例では、賃貸で新しく店舗を構えるようです。したがって、内装工事費や、保証金や備品関係が設備資金へ、商品仕入や広告費が運転資金となっています。

一方で、右側の、調達の方法は、上が自己資金、下が借入金となっています。

この例では自己資金が250万円、借入金が600万円となっています。全体の必要資金850万円のうちの約3割を用意しています。設備資金が620万円、運転資金が230万円必要だという計画です。運転資金と自己資金、設備資金と借入金がおおむね一致しています。

そして、**貸借対照表と同じく、必要資金（左側）と調達方法（右側）の合計額は一致させます。**

そして、8の表は、損益計算書です。「創業当初」と「1年後または軌道に乗った後」と2つの月の損益計算書を記入します。そして、それぞれの計算根拠も記載します。

ただ、この2つの月だけを記入するのは月が連続していないこともあり、書きづらいと思います。そこで、同じウェブサイトにある、5「月別収支計画書」を使って創業月から記入してみるのがよいです。

この表は「月別収支計画書」となっていますが、**月次損益計算書の利益の下に借入返済額を記入することにより、毎月の収支がわかる、という簡易的な資金繰りを表している表です。**

この記載見本は、売上根拠の欄を見ると、飲食店であることがわかります。業種ごとにその根拠は変わるものの、考え方は同じだとわかります。

より詳しく、繰越金や入出金の種類を「経常収支」「経常外収支」「財務収支」に振り分けた資金繰り表のサンプルもあります。

こちらは、まず月別損益計算書を作成する要領で記入し、その後、繰越金を入れたうえで、実際の入出金に合わせて金額を移動させます。

例えば、損益計画と同じように、売上入金を入れて、入金条件が、末締め・翌末日であれば売上入金は1か月ずれるので、売上入金欄を1か月ずらして記入する、ということです。それに借入金の入金や返済を加味すれば資金繰り表が完成します。

事業計画書は2年分作る

また、開業時や設備投資時に作成する事業計画書は2年分作ってください。理由は２つあります。

１つ目は、1年目は開業にかかる費用など特別な支出が多く、赤字になることがよくあるからです。

初年度から黒字決算のほうが珍しいかもしれません。しかし2期連続赤字となるとその後経営するのがかなり厳しいです。2期目には軌道に乗せたいです。

２つ目は、借入額を見極めるためです。

例えば、開業時に融資を受けるとします。その後は一般的には返済の進んだ2、3年先までは追加融資を受けることが難しいです。したがって、その1回目に3期目ぐらいまでは乗り越えられるだけの金額を借りておく必要があるのです。

売上がいつ立ち上がるか？　時間軸を意識する

売上＝客単価×客数×リピート率

売上については、必ずこの算式に当てはめることができます。「誰に、何をいくらで売るのか？」。それにより、それぞれの要素が決まってきます。

他のそれぞれの項目にも共通しますが、計画作成にあたって気をつけることは２つです。

１つ目は、その金額に根拠があるか、整合性があるか、ということです。

根拠がない、整合性がない状態というのは、それぞれの金額の説明ができない状態です。例えば売上が１００万円、とあった場合、なぜ１００万円なのかを説明できないということです。

２つ目は、その計画書には時間軸があるか、ということです。

例えば、毎月の売上目標を１００万円と設定した時に、開業初月から１００万円ということは通常ないはずです。開業準備で1か月目の売上はゼロ、２か月目からようやく売上が上がって20万円、５か月目でようやく目標の１００万円となった、となるはずです。

しかも、毎月末締め・翌月末入金の契約だったらどうでしょうか？　入金は６か月目の月末ということです。その６か月間の資金をどうするか？　という視点が必要です。

費用は自分で決めることができる

売上はお客様主導で最終的に決まりますので、こちらの都合で、というわけにはいきません。最終決定権はどこまでいってもお客様です。

しかし、費用をかけるかどうかは自分で決めることができます。言い換えると、売上に比べてかける費用は比較的コントロールできる、ということです。

したがって、事業計画書の作成に慣れるまでは、必要となる費用を算定しつつ、維持するための最低限の売上を見極めるところからスタートすると計画は立てやすいでしょう。

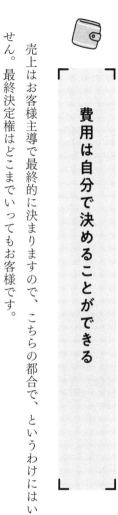

「初期費用＋ランニングコスト」と「変動費＋固定費」

費用は大きく分けて2種類あります。

1つ目は初期費用です。新たにスタートする時にはいろいろと準備しますが、そのための費用です。具体的には、在庫費用、不動産契約費用、内装費用などです。

これに対してランニングコストとは、そのビジネスを維持するための費用です。日々かかるもの、店舗家賃や人件費などです。

この2種類の分け方は、いわば「最初に一時的にかかる費用」「日常的にかかる費用」の分け方です。この2種類をベースに、例えば半期に1回の賞与など、特定月にかかるものを加えて考えるという方法です。

また、費用についてはこのような考え方もあります。「変動費」と「固定費」です。

変動費とは、売上が増えるのに比例してかかる費用です。売上原価、配送費、販売奨励金、フランチャイズ手数料などがあります。

これに対して固定費とは、売上の増減に関係なくかかる費用です。人件費や家賃などがそうです。これらはたとえ売上がゼロであっても必ずかかってきます。したがって**固定費をできるだけ抑えるという視点は重要です。**

最大の費用その１：不動産

まず、不動産についてです。といっても、いきなり不動産購入というのはアパート経営をするようなケースのみですので、ここでは店舗の費用やオフィスを借りる場合です。

店舗は立地が命です。

出会いの要素も大きいですが、「不動産屋さんに勧められたから」と安易に決めてしまってはいけません。実際に足を運んで、できれば天候の違い、日中と夜の違い、周辺のお店などの環境もしっかり把握するようにしてください。

特に、**店舗の場合は道１本違うだけで客単価が違うということが現実にあります。そして簡単に変更することができません。**

これは店舗の例ですが、オフィスについては「そもそも必要なのかどうか？」から検討が必要です。

そして、今は交渉・工夫次第でいくらでも変わります。これは最初が肝心です。家賃を途中で下げる交渉というのは難しいです。そういったコンサルティングもありますが。なので時間をかけて交渉しましょう。びっくりするほど下がる時があります。

気をつけたいのは、節約しすぎて「安っぽく」ならないようにすることです。

個人で始めた飲食店でメニューが「クリアファイル」のようなもの、見るからに１００円均一で揃えた備品ばかり、となるとお客様は気持ちが萎えます。

つまり、**お客様から見えるところは安っぽく見えないように工夫が必要**だということです。

かけられるお金は有限です。かけるべきところにかける、足りない場合は創意工夫をしましょう。

最大の費用その２：人件費

人件費というのは思いのほかかかります。もらう側は手取り額しか見ません。でも実際はどのぐらいかかっているでしょうか？

額面にプラスして社会保険料の会社負担分が額面の約15％かかります。その他にも福利厚生費や研修費も広い意味では人件費といえます。となると、実際は額面の3割増しぐらいになるのではないでしょうか？

一方もらう側はどうでしょうか？　額面から社会保険料が額面の15％ぐらい、さらに源泉所得税や住民税も控除されます。このギャップは覚えておいてください。

人件費はどのぐらいかけてよいのかの目安について「労働分配率」の話がよく出てきます。

「労働分配率」とは、売上高から変動費を引いた残りである「限界利益」を１００％とした場合、人件費にどのぐらいかけるのか？　その割合のことをいいます。

ここでいう人件費は社員の給与だけではなく、役員報酬や社会保険料の会社負担分、福利厚生費なども含みます。業種によって、40〜60%が理想とされています。

しかし、個人的意見で言えば、あまり参考にならないです。

というのも、中小企業の場合は社長自身が会社のオーナーであるため、役員報酬を決めることができるからです。労働分配率は役員報酬の金額次第でその割合は大きく変わってしまうのです。

したがってあくまでも目安として考えるのがよいでしょう。

最初の銀行選びから銀行交渉はスタートしている

事業を立ち上げたら、銀行口座を作る必要があります。

その時にどの銀行に口座を作ればよいですか？　というご相談がよくあります。

将来融資をしてもらう、お付き合いする銀行という視点では選択肢は1つです。会社の近くの信用金庫または信用組合です。

銀行は大きく分けて3種類あります。規模の大きい順で「メガバンク」「地方銀行」「信用金庫・信用組合」です。

起業前にサラリーマンをやっていた人で、メガバンクに銀行口座があるから、法人口座もそこで作りたい、という方がいますが、それは止めたほうがいいです。

メガバンクは規模が大きいので大企業向けです。融資も億単位が普通です。とても相手にしてもらえません。

今は銀行口座を作ること自体が非常に大変です。もちろんできないわけではありませんが、こちらの要望を聞いてもらって、といった密接な関係を築くのはなかなか難しいでしょう。

それに対して、信用金庫や信用組合は規模が小さく、地元企業向けに存在します。

自社もまだこれからなのですから、同じように規模が小さい銀行から取引するのがよいです。自社の規模が大きくなったら次は地方銀行、と少しずつ規模の大きい銀行と取引するのがよいです。

最初の融資は日本政策金融公庫

では、最初の融資はどこに申し込みするのがよいでしょうか？　事業計画書のサンプルで触れた、日本政策金融公庫がよいです。

日本政策金融公庫は、国が100%出資している「貸付のみ行っている」機関です。預金口座を持っていない機関ですので、実際の融資のお金の入金や返済は別の銀行の口座で行うことになります。

特徴としては、銀行から融資を受ける場合には、2か月程度時間がかかるのに比べて、**日本政策金融公庫の審査は、比較的早く審査が終わる**ということです。

そして、創業融資の際には、開業前半年程度の個人の通帳のチェックがあり、資金をどのように貯めたのか、定期的に支払うものの遅れがないか、とその経営者個人を詳しく審査する傾向があります。

また、2020年のコロナ不況融資についてもそうでしたが、災害や不況時の融資については、民間の金融機関に比べて受付開始の時期が早いです。そのために希望者が殺到してしまい、非常に融資審査に時間がかかる結果にはなりましたが。

ただし、コロナ不況が発生する前にすでに公庫から融資を受けたことがあった場合には、比較的スムーズに審査が進んだようでした。

初めての融資申し込みは紹介がないといけないのか？

融資の申し込みには、誰かの紹介がないといけない、と思い込んでいる方がいます。また、紹介者がいたほうが融資の審査が有利に進むとか。

これはまずないと考えてよいです。もちろん紹介者の顔を立ててそのように融資担当者が言うことはあるとは思いますが、紹介者がいなくても融資は受けられます。

ただし、会社設立時以外の場合は、よほど業績がよい場合は別ですが、**口座開設と同時に融資申し込みするのではなく、その口座で数か月間、売上入金、振り込み支払いなどしてから申し込んだほうがよいです。**

どのような会社かわからない先に融資をするということは銀行も警戒するからです。

また、顧問税理士が付き合いのある銀行を紹介することがプラスに働くケースがあります。すでに設立して数年経過していて、現在融資を受けている銀行とは別の銀行から新たに融資を受けたいようなケースです。

この場合、新たに申し込まれた銀行はすでに取引のある銀行に融資を断られたのかもしれない、と警戒する可能性があります。

そこで**決算書の内容を把握している顧問税理士からの紹介であれば、銀行も必要以上に警戒することなく対応してくれるでしょう。**

銀行は取引先と同じように接する

銀行は晴れの日に傘を貸し、雨の日は傘を貸さない、というフレーズがあります。

確かに業績のよい時ばかり営業に来て、困った時には貸してくれない、という不満はよく聞きます。しかし、それはもしかしたら日々の取引に原因があるかもしれません。

融資は、補助金や助成金・給付金のように、要件に該当すれば必ず受けられるといった性質のものではありません。一方で、必ずしも業績が悪いから受けられないとは言い切れません。

融資の断り文句に「返済額以上のキャッシュフローがない」といったものがありますが、返済額以上のキャッシュフローがなくても借りられるケースもあるからです。

銀行は民間企業です。公的役割があるのは確かですが、公的機関ではないのです。

取引先とは「持ちつ持たれつ」ということがあります。同じように、銀行からの営業を受けた場合、無理のない範囲であればお付き合いするのもよいのではないでしょうか。

また、**融資申し込み以外であっても、四半期ごとに試算表、決算が終わったごとに決算書を言われなくても持参して業績報告をするのは非常にプラスとなります。**

併せて簡単な改善計画書をつけるとなおよいです。試算表や決算書のみだと、銀行は会社をどう評価してよいのかわからないからです。

このように話すと、業績が悪い時には持っていきたくない、と思うかもしれません。

しかし、そういう時こそ、改善計画書をつけて悪かった原因やその対策を説明するのがよいです。その真摯な対応が信用になっていくのです。

また、改善計画書の中で、近い将来融資を受けたいようなことがあればさりげなく書くのがよいです。銀行は常に融資先を探しているのですから、こちらから言うことなく融資の提案をしてくれるかもしれません。

目の前の銀行員は一《いち》担当者

銀行員に対する不満をたまに聞くことがあります。

「あの銀行員は出来が悪くて、一度に持ってくればよい書類を何度も何度も……」

社長は忙しいですからその気持ちはよくわかります。中には、あまりにも銀行担当者の出来が悪いから、もうあの銀行とは付き合いたくない、と言い出す社長もいます。

しかし、目の前にいるのは一《いち》担当者です。現場の担当者は年下の方も多いでしょう。そこは大目に見てあげるのがよいのではないでしょうか。

逆に妙に委縮してしまう社長もいます。

決算書は社長の通信簿という言葉もあり、なんとなく自分自身を査定されているような気持ちになってしまうのかもしれません。決算書の読み方に自信がなかったりするとなおのことです。

自社のことを一番理解しているのは社長自身です。目の前の銀行員の一言を必要以上に気にする必要はありません。

「融資が受けられた時からがスタート。いつだって借りられるわけではない」

無事融資交渉が上手くいき、融資金額が銀行口座に入金されたとしましょう。ここでほっとしてしまう方が多いですが、実際はその後が重要です。

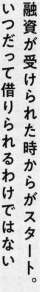

お金には色がついていないです。口座残高が増えることにより、気が大きくなってしまうのでしょうか？　コスト意識が甘くなるケースをたまに見かけます。借金を必要以上に怖がる必要はありませんが、借金は借金です。

銀行としても融資先を探していますので、ある程度までは不足したら追加融資を受けることはできますが、それにも限度があります。

数年ごとに運転資金の折り返し融資を受けていた会社が、業績が悪化していくと、その折り返し融資を断られた場合には、リスケジュール、通称「リスケ」をお願いすることになります。

リスケとは、当初の返済予定を変更して、返済を一部または全部待ってもらうことです。

当初の融資契約の内容を変更することになります。

融資は契約なので銀行は応じる義務はありません。リーマンショック時には法律化されましたが、現在は努力義務となっています。

2020年から始まったコロナ不況がまだ続いており、通称「コロナ不況リスケ」も制度としてはありますが、それも事業計画次第となります。

そして、リスケ状態が解消される、いわゆる「正常先」になるまで（当初の予定の返済ができるようになるまで）、新規の融資を受けることは一部例外を除いて非常に難しくなります。手元資金のみで会社経営をしていくことになるので、資金繰りは大変になります。

資金繰りに余裕を持つためには、借入のみに頼ることなく、利益を計上する、必要以上の在庫を持たない体制を作る、売掛金を確実に回収する、といった日々の努力が肝心だといえます。

利益を出さなければ返せない。賢い自転車操業のすすめ

借入の本質は、利益の先取りです。ということは、返すためには利益から返すということになります。

しかし、現実にはどうでしょうか？　年間返済額以上の利益の計上ができれば一番ですが、そこまでの利益が計上できていますか？　もし年間返済額のほうが多いのであれば借入金を返せていないのと同じであるといえます。

中には、「いや、返済期日に遅れたことはない」と思う人もいるかもしれません。むしろそういった方のほうが多いでしょう。

そのように思ったのでしたら、ぜひ前期と当期の決算書を見比べてみてください。長期借入金の残高が変わっていないのではないでしょうか？　それは、返済額分だけ現金が足りなくなり、さらに借入をしたということです。

しかし、もしそれが運転資金であるならば、残高が減らないこと自体を気にする必要はないのではないでしょうか？　運転資金は会社に常に必要な資金であり、会社は永続的に続く組織なのですから、運転資金もずっと必要になる、ということです。

問題なのは「なんとなく」借入金残高が増えていってしまう状態です。

その増えていく原因は赤字が増えているからかもしれません。借入金が赤字補填になってしまっているということです。

突き詰めると、会社は利益を出していかないと継続は難しいのは間違いないです。

「借入金の適正な残高はいくらですか？」という質問を受けることがあります。

明確な答えをお伝えするのは難しいです。

多くの決算書を見てきた経験からすると、借入金が月商6か月分超えると多いかな、年商を超えると返済大変かもしれないな、と思いますが、これも私個人の感覚的なものでしかありません。

参考になるのは、リスケ状態から正常先へ戻る基準です。それは、借入金を10年で返すことができるだけのキャッシュフローがあるかどうか、です。

この基準に照らし合わせると、例えば借入金残高が３０００万円あれば、減価償却費を考慮しなければ利益は３００万円です。ここでいう利益は、法人税などを納めた後の利益です。仮に法人税などを30%とすると、税引前利益は約４３０万円必要です。実際の決算書と見比べていかがでしょうか?

未だに「法人税を払うのはもったいない」と、役員報酬を高額に設定する決算書を見かけることがあります。そのような決算書に限って役員借入金が多く計上されています。たいていの場合は、銀行借入金を返済するための利益が足りず、役員報酬を計上し社会保険や所得税・住民税を支払った後の手取り額から、銀行借入金返済のために、個人で会社に貸し付けている結果です。

今は所得税よりも法人税のほうが少なくて済む時代です。

そして、借入金は利益が計上できないかぎりは返済できないものです。

もし、会社の銀行借入金が多すぎるかもしれない、と不安に思うのであれば、会社で利益を計上することを第一に考えることが重要です。

第4章

儲けている社長は税金を賢く払ってお金を残している

税金を払わなければ、お金は残らない

会社に利益が出たら法人税がかかります。

できることなら少しでも法人税を抑えたいというのは誰しも考えるでしょう。そのためにさまざまな節税の話を聞くことがあると思います。

ただし、残念な事実をお伝えすると、税金を払わない限りお金は残りません。

というのも、**節税をしようとする場合は、お金を払うことにより経費計上して、その結果として税金が減ることになるからです。**

節税のために会社で何かの契約に加入したとしましょう。

１００万円支払って実効税率30％とした場合は30万円節税できます。

しかし、節税のためにすでに１００万円支払っているため、節税せずに税金を払った時よりも、１００万円－節税により減少した税金30万円＝70万円お金が減ることになるからです。

その支払いについても、それが必要なものであればよいでしょう。しかし、その目的が

節税したら、お金も減る？

何もしなかった場合	何かの契約をして節税を図った場合
利益500万円×実効税率30% ＝**150万円**	利益500万円ー契約加入金100万円 ＝400万円
手元の現金は法人税分の **150万円減少する**	400万円×実効税率30% ＝**120万円**
	30万円減税となるが、すでに100万円使っているので、手元の現金は100万円＋120万円 ＝**220万円減少する**

節税のみであった場合には、支払い先が国からその支払い先に変わっただけという結果でしかないのです。

しかもたいていの場合は、解約時の入金は収入となるため、税金の支払い時期を先送りしているだけでもあります。

しかし、何も考えずに税理士から言われた税金を払えばよいのか、といえば決してそんなことはありません。何も考えずに払うには税金の負担は重すぎます。

そこで、節税をしつつ、その結果の税金を自分で把握し納得したうえで払う、というのがよいのではないでしょうか。

どちらにしても払わなくてはいけないのであれば、自分の意思で金額を決める、すなわち税金も経費のひとつとして考えるということです。

そのためには、税金計算を税理士任せにせず、自分自身も税金の知識をつける必要があります。

会社のことは誰よりも社長が一番知っているはずです。**これは節税になるかもしれない、と思ったら、税理士に相談しながら賢く税金を払うようにできるのがよいでしょう。**

会社が払う税金は大きく分けて3種類

では、会社が払わなくてはいけない税金はどれだけあるでしょうか。

大きく分けて3種類あります。

1つ目は、いわずと知れた「利益」に対する税金です。

国には法人税、都道府県には法人事業税・県民税、市町村には法人市民税がかかります。

全部あわせた税率は、中小企業の場合、現在は年800万円までは約23%かかります。

2つ目は、資産の「所有」に対する税金です。会社で持っている土地や建物、さらに備品などにもかかってくる、これが固定資産税です。車を持っていれば自動車税がかかります。

3つ目はちょっと特殊な税金「間接税」と呼ばれる税金です。代表的なものは消費税です。税率は10％です。**ただし、会社は預かった消費税から自分が支払った消費税を差し引いた残りを支払うため、単純に売上の10％かかるわけではありません。**

預り金なので実際の負担はゼロではないのか？　たしかにその通りなのですが、預かった消費税で結果的に資金繰りをしてしまうことは多いです。さらに複雑な特例が多いです。

これに、社員の給与から預かった所得税・住民税があります。

ここで理解してもらいたいのは、これだけの種類の税金を払わなければならないことと、いわゆる「節税」を考えるのは、主に利益に課税される法人税の話だということです。土地・建物や車は業務に必要であれば、持たざるを得ません。また、消費税などに関しては、基本は預かりなので、調整するのは難しいからです。

利益をコントロールするにはどうするか、という視点を持つ必要があります。

「所得」は税務上の利益

ここまで「利益」という言い方をしていますが、税法上は「所得」といいます。名前が違うのですから、内容も違います。では何が違うのでしょうか。

それを理解するためには、会社が税務署に提出する「申告書」について知るのがよいです。

まず、最初は、税金の計算の明細書である「別表」です。「青色申告」というだけあって、最初の1枚目は青色の申告書です。

次に「決算報告書」、いわゆる貸借対照表や損益計算書、会計上の「決算書」です。

この後ろに、決算書の科目の詳細の「勘定科目内訳書」、最後に「法人事業概況書」と続きます。固定資産がある場合は「固定資産明細書」もあります。これらをまとめて提出します。

よく融資のために銀行に提出を依頼される「決算書」は、貸借対照表や損益計算書のみでなく、これら一式を指します。

なぜ「別表」という申告書が必要なのでしょうか？

それは**法人税の計算のため、決算書上の「利益」に調整が入るからです。**

こんな話を聞いたことがありませんか？

「接待交際費は全額経費にならないからねえ」とか「社長にボーナスを払ってはいけない」とか。

正確に言うと、接待交際費を経費にすることもできるし、社長にボーナスを払うこともできます。それは会社の自由です。

ただし、法人税を計算する上では、経費として計算することができません。

それができてしまうと、決算直前になって「今期は利益がたくさん出るから、私にボーナスを支払おう。そうしたら利益が減って法人税も減らすことができる」ということが簡単にできてしまうからです。

そこで、**法人税の計算上、会計上の利益に、経費としては認められない金額をプラスして、法人税率をかける前の金額を計算します。この計算を「申告調整」といい、この法人税率をかける前の金額を「所得」といいます。**

法人における「所得」とは

決算書

売上	5,000万円
売上原価	3,500万円
役員賞与	300万円
経費	700万円
利益	500万円

上記のうち、役員賞与は税務上は経費とは認められていないので、法人税を計算するために、税務上の利益(所得)を出す必要がある。
また、その計算を「申告調整」という。

所得＝会計上の利益＋経費として認められなかった金額

500万円＋300万円＝800万円→所得

法人税＝所得×30%

800万円×30%＝240万円

法人税の計算は会計上の利益ではなく、税務上の所得にもとづいて行われる所得は、税法上の利益といえます。

ただし、以前はよく申告調整の必要だった接待交際費も、中小企業は年８００万円まで経費にできるようになり、ほとんど申告調整は必要ありません。したがって、所得は税引前利益と一致することが多いです。

税額控除は一番最初にチェックする項目

また、会計上の利益には一切関係なく、法人税を少なくする制度があります。これを「税額控除」といいます。

例えば、社員に対する支払い給与の合計額が一定額以上アップした場合には、その増加額の15%分だけ法人税を少なくすることができる制度があります。この制度は、国が会社に対して、社員にたくさん給与を払ってほしいからできた税額控除です。

このように、**税額控除は、政策上の理由により、一種の「ごほうび」的に法人税を減らすことが認められた制度**です。そのため、要件は非常に細かいのが特徴です。

その他には、主に設備投資を後押しするような税額控除がありますが、中には事前に役所に計画書を提出する必要があるものもあります。

さらに、これら税額控除は期間限定の制度で、その期間は大半が2年間です。2年後、制度が残るものも多いですが、微妙に要件が変わります。これを自分ですべて把握するのはまず難しいです。

そこで、設備投資を考えている場合には、税理士にあらかじめ伝えておき、受けられる税額控除がないかどうか確認してもらうのがお勧めです。

設備投資の場合には、その購入を検討しているメーカーが詳しいケースが多いので、聞いてみましょう。

税額控除は受けるハードルは高いですが、会計上の利益には一切関係ありません。

したがって、お金を減らすことなく法人税を減らすことができるのです。

節税を考える時には、税額控除をもれなく受けることをまず検討しましょう。

‖　税額控除の考え方　‖

９期

人件費　8,000万円

利益　2,000万円

×30％＝600万円
（法人税）

さあ、
減税するから
給与を増やして
ください！

よし、社員給与
1000万円 UP！

10期

人件費　9,000万円

利益　2,000万円

×30％＝600万円

△1,000万円×15％＝150万円

法人税450万円

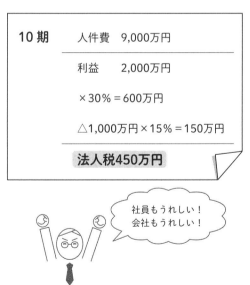

社員もうれしい！
会社もうれしい！

法人税を少なくするなら、利益を少なくする

それでは、より自分で税金を決めるためには、会社の利益をどう計算するのがよいでしょうか。

利益は損益計算書により計算されます。**期間を1年間に区切って、1年間の売上から1年間の経費を差し引いた残りが利益。**この「1年間に区切って」が注目すべきところです。

例えば、もし会社があらかじめ5年間しか存在しません、と決められていたら、5年後に当初の元手である資本金から増えた金額を基準として法人税を計算する、という方法もあったかもしれません。

しかし、そうすると、国としては法人税が入ってくるのが5年後となってしまいます。会社によっては、それが30年後となったら大変ですし、そもそも会社は存続期間が決まっていません。

そこで、1年間に区切って、その期間中の売上から経費を差し引いた残りの利益に対して法人税がかかるようになっています。

したがって、１年間で見て、売上が少なくなるか、経費が増えるようにすればよいのです。

絶対にやってはいけないこと

まず、売上を少なくする方法です。

「そうか！　だったらこの現金売上をなかったことにして……」

それだと脱税です。絶対してはいけません。税務署もバカじゃない。そんなのはすぐに見つかります。

仮にそのまま気づかれなかったとしましょう。でもそんな現金は使えません。

例えば、その後不動産を購入したら、それを購入するための資金は？　ということで結局見つかってしまいます。

使えないお金になんて価値はないのです。

同様に、架空の経費を計上するのも脱税です。これがあると税務調査でも戦えません。

売上の計上時期の見直しで売上を少なくする

それでは、売上を少なくするとはどういう意味でしょうか？

実際の売上を少なくするのではなく、「この1年間」の売上を少なくするということです。

というと、毎月月末に売上の請求書を発行していたのに、決算月だけ月末に請求書を発行せず翌月（翌期首）に請求書を発行しよう、と考える人がいます。

しかし、これもダメです。形式を変えても、実態が変わらないからです。

売上は、モノを売るのであれば「商品の引渡し」サービスであれば「サービスが完了」した時に売上を計上する、と決められています。そのため、現在の取引の流れを見直して、現在の売上の計上時期を見直すということです。

■売上の計上時期を見直したB社の場合

B社は、中古品の買取販売を行っています。現金買取で仕入れ、オークションサイトを使った販売で業績を伸ばした会社です。具体的には次のような取引の流れになっていました。

❶顧客が商品を落札する
❷担当者が顧客に決済方法を連絡
❸顧客が代金を決済支払いする
❹決済入金を確認した後、商品を発送

顧問契約した際にはすでに何度かの決算を行っていましたが、通常は❸の入金の時点で売上を計上し、決算修正で❶の注文リストを確認して未入金売上を追加していました。つまり、1年間の売上は「注文日」により売上計上していたことになります。

しかし、詳しく話を聞くと、注文後数日経過してもなお入金確認できない場合にはキャンセル扱いとなり、さらに、入金確認できない段階で商品を発送することはないことがわかりました。

ということは、**決算修正で計上した未入金売上は、今期中には売上が確定しているとは**

‖ 売上計上時期の見直しで、賢く節税 ‖

落札	5月25日	→ 今期売上計上
連絡	5月26日	
	決算日	
入金	6月2日	
発送	6月3日	

⇒

落札	5月25日	
連絡	5月26日	
	決算日	
入金	6月2日	→ 今期売上計上
発送	6月3日	

売上計上時期の見直しで、
今期の売上が減って、法人税も減った！

いえません。そこで、その売上は翌期の売上にしました。

1年間の売上を「入金日」で売上計上する方法に変更することによって、未入金売上分だけ売上を減らすことができ、結果として、利益を少なくして法人税を減らすことができた、ということです。

この場合で気をつけたいことが2点あります。

当然、このすでに注文済みの商品は売上原価に含めてはいけません。期末在庫に含みます。

また、翌年以降はずっと「入金日」で売上計上するので、変更した年のみの節税となる、ということです。

今年は入金日で、次の年は注文日で、とコロコロ変えるのは「租税回避行為」、脱税に近い行為である、とみなされてしまいます。

何が経費になるのか？ 高級時計も経費にできるかも！

次に経費を増やす方法です。

経費を増やすのは可能です。というのも、売上は相手がいるので「売上が増えすぎてしまいました。なので、納品待ってください」とはいかないのに対して、経費は自社の判断のみで使うことができるからです。

ただし、前提として、節税を考えると、経費として認められるものでないと意味がありません。では、何が経費になるのでしょうか？

経費は「売上を得るために使ったもの」をいいます。「売上を得るため」なので、事業に関連するもののみです。

したがって、例えば社長が家族旅行に行った、といったプライベートなものは当然認められない、これは誰しもわかるでしょう。

では、事業に関連する、とは何でしょうか？

これは、それぞれの事業によります。どんな売上か、事業によって違うからです。

したがって**一見プライベートな経費に見えてもそうではない、ということは珍しくありません。**

■高級時計を備品計上したC社の場合

フリーランスとして高級時計メーカーの広報の業務委託を受けていた社長が先方の要請で法人成りしたC社は、会社設立後も引き続きそのメーカーの仕事を受注していました。

C社では、そのメーカーの腕時計を備品として計上していました。高級時計というだけあって、何百万円の時計。一般の会社ではまず会社の備品とすることはできません。

社長の趣味の持ち物、ととられるところです。

しかしC社の場合はどうでしょうか？　そのメーカーの広報として打ち合わせをする、その時の腕時計が他のメーカーでは……そのほうが無理があります。まさに事業に関連する経費となるのです。

経費計上できる費用とは

事業関連性	経済合理性
売上を得るために関係があるか	売上を得るために最もよい支出か

売上に関係のあるなら
何百万円の高級時計も経費になる。

売上3万円のために経費が20万円では、
ベストとはいえない。

このように、それぞれの事業、すなわち売上を把握すればおのずと経費は決まるのですが、一般的な常識だけで、単純にこれは経費としては計上できないだろう、というわけではありません。

そのような経費がないかどうかをチェックしてもれなく経費として計上する、これだけでも経費を増やすことができます。

ただし、それが事業といえるだけの売上があるかどうかも重要です。

以前、ある経営者から相談を受けたことがあります。

その経営者は、エステサロンのアフィリエイト事業（ウェブサイトを使って広告収入を得る事業）をしていました。

具体的には、自分でそのエステサロンで施術を受けて、その体験談をレポートする方法です。

相談内容は、その実際のエステサロンの施術代を経費にしたい、ということだったのですが、売上はわずか数万円でした。

確かに先ほどの考え方では経費計上できる可能性は十分にあったのですが、これでは、単なる趣味といわれてしまう、ということです。

新品よりも中古のほうが早く経費にできる

先ほどのC社では、高級時計を備品として計上して、10年で経費にしました。

固定資産は全額を一度に経費とすることはできません。1年で価値がゼロになるわけではないからです。ということは、翌年以降の売上を得るための経費にもなる、ともいえます。

このように、**固定資産については一度に経費とするのではなく、数年に分けて減価償却**

費として計上していきます。

例えば車の法定耐用年数は6年です。

しかし、この車が中古である場合には話が変わってきます。

法定耐用年数はあくまでも新品であることが前提だからです。その場合には、何年落ちかによって変わってきます。

もし、その車が4年落ちである場合、見積耐用年数は2年、定率法の割合は「1・000」です。期首に購入したとしたら、なんと全額経費にできてしまう、ということです。

新品にこだわらない、というのであれば、中古車のほうが節税になるのです。

以前『なぜ、社長のベンツは4ドアなのか?』というベストセラーがあったのは記憶にあるでしょうか? 本のタイトルがセンセーショナルであったために、「ベンツ」がポイントか、「4ドア」がポイントか、という話もありましたが、ベンツであっても4ドアであれば社用車として認められやすい、ということです。

この本で取り上げられていたのも、中古車のほうが節税になる、という話です。

ただし、**ひとつ勘違いしてほしくないのは、この３００万円の車について、経費とすることができる総額は３００万円であることには変わりないということです。**

定額法でも定率法でも、新品でも中古でも変わりありません。この３００万円をいつの経費にするか、ということです。

なぜ税理士の私は生命保険料を経費にできないのか？

会社にすると、社長の生命保険料が経費になる、と初めて聞いた時、私はとても驚きました。個人の場合には、いくら保険料を払っていても所得から控除できるのは12万円が上限、と決まっていたからです。

会社の借入金は、社長の個人保証をつけなければいけないことが今でも大半です。したがって、社長にもしものことがあったら会社の一大事となります。

そこで会社が契約者および受取人となって、社長の生命保険に加入します。

では、すべての保険料が全額経費になるか、というとそういうわけではありません。生命保険の種類によって違います。

生命保険は大きく分けて3種類あります。

1つ目は、社長が亡くなるまでずっと保障する「終身保険」です。これは、必ず保険金が下ります。保障される期間が限定されておらず、途中解約した場合でも支払った保険料に近い解約返戻金が戻ってきます。そのため保険料も高くなっています。

2つ目は、その逆で、あらかじめ期間が限定されていて、その期間が過ぎると一切解約返戻金は戻ってこない「定期保険」、いわゆる「掛け捨て保険」です。ただし、保険料は低く抑えられています。

3つ目は、終身保険と定期保険のいいところどりともいえる「養老保険」です。期間は限定されていますが、期間満了の時に解約返戻金がもらえるように、保険料が設定されています。

保険料が経費になるかどうかは、この「解約返戻金」があるかどうかによります。

終身保険の場合には、支払った保険料に近い解約返戻金が戻ってきます。銀行の積み立て預金のような性質があるのです。だから経費にすることはできません。

これに対して**定期保険は、解約返戻金がゼロのため、全額経費とすることができます。**

養老保険は、その契約内容によって変わってきますが、支払った保険料の半分が経費となることが多いです。


節税を意識して保険加入する場合は、この養老保険の契約を利用することが多いです。

解約返戻金は、その保険の契約内容によって毎年変わってくるため、保険料を支払っている時期は一部を経費にしつつ税金を少なくすることができます。

経費にできた生命保険料は解約でお金が入ると税金がかかる

そして、解約返戻金は、支払った保険料のうち経費にしていた金額は、逆に収益となります。

その時には法人税が増えてしまうので、業績があまりよくない、などの理由により利益計上したい時に解約します。

社長が勇退し、退職金を支払う時に解約することがあります。これは、実際の支払い原資として解約返戻金を利用するのです。

解約返戻金が多ければ、収益も多くなりそのままだと法人税も高くなってしまいますが、役員退職金という経費も計上されるので、トータルでみて、保険料の支払いによる節税額のほうが多くなるようにもできます。

生命保険としての保障も確保しつつ、節税にも使えて、将来の解約返戻金を積立預金として考えるのです。

ここまでが生命保険が節税商品といわれる理由ですが、必ずしもよいことばかりではありません。

生命保険は数年、場合によっては数十年で考える必要があります。

仮に今年は黒字が多く生命保険で節税できたとしても、翌年は逆に赤字になってしまうかもしれません。少なくとも数年は加入しないと解約返戻金が少なくなってしまうため、数年間は保険料の支払いが必要ですが、その保険料の支払い自体が大変になってしまうことがあるのです。

また、解約返戻金の高い時期に解約したら、その年は利益が多くなり、法人税が多くかかってしまいます。

となると、節税できたとしても解約の年に法人税が多くなってしまった分だけ結局変わらなかった、となってしまうこともあるのです。

当初の計画を前倒しして経費を使う

生命保険のような節税商品は、長期的な視点が必要です。もちろん保障も大事ですが、保険に加入したことによって売上が増えるわけではないですし、手元のお金が減ってしまいます。

したがって、**節税商品を考えるよりも先に、翌年以降に実際に予定していたことを早めに行い、経費を使うのがよいのではないでしょうか。**

例えば、採用計画があったのならば、早めに採用活動をスタートして広告費に使う、店舗などの修繕を行う、といった方法です。

ここでよく言われるのが「では商品を多めに仕入れておこう」ということです。

残念ながら、これは節税になりません。というのも、売れなかった商品は在庫として資産計上して、翌年以降の売上原価になるからです。

店舗の修繕なども、その内容によっては固定資産になることがあります。

今年の経費になるものに使わないと、今年の節税になりません。

法人税を少なくするためには、会計上の利益を減らす必要があり、その利益は1年間に区切って計算されるからです。

今年の経費にならなかったものは資産となり、翌年以降の経費になるのです。

節税を考える時にはここに気をつけながら経費を使うのが重要です。

また、節税を意識しすぎると、見積もりが甘くなったり、必要以上に使ってしまうことがあります。

いくら法人税を少なくしたいからといって無駄遣いになってしまうのでは本末転倒です。

なので「結果として」節税にもなった、というぐらいがちょうどいいでしょう。

資産の中に費用化できるものがないかどうかを「勘定科目内訳書」でチェックする

それでは貸借対照表を使った節税の方法です。

節税のためには利益を少なくすること、そのためには費用を多くすることになります。資産の中身が本当に価値のあるものかを考えるのです。

「資産」と聞くと、一般的には換金できるもの、価値のあるものをイメージしますが、貸借対照表の資産は必ずしもそうではありません。

売上の未入金が回収不能になってしまったものや、すでに売れる見込みのない在庫がそのままになっていることがあります。

貸借対照表の金額は合計額なので、その中身まではわかりません。そこで「決算書一式」のうち「勘定科目内訳書」を確認しましょう。

勘定科目内訳書には、読んで字のごとく、それぞれの科目の詳細があります。

預金の内訳書には、それぞれの銀行口座ごとに残高を記入します。売掛金の内訳書は各取引先ごとの未入金額を記入します。

ただし、1件あたり一定額以上のものが記入対象になるため、少額の場合には「その他」で記入することもできます。


ここ数年の内訳書を見て、残高に変化のないようなものはないか？　また、実際には存在しないようなものが計上されていないか？　という視点でチェックします。


「その他」の金額がやけに多い場合も注意しましょう。

売掛金の内訳書の中にすでに連絡が取れずに残っているようなものがないでしょうか？　連絡が取れていて、回収予定があれば問題ありませんが、中にはすでに連絡がとれない、事情があって回収不能になっているものがある場合には、「貸倒損失」として費用化できないか検討します。

また、在庫の内訳書の中にすでに存在しないようなものはないでしょうか？　売れる見込みのないものはないでしょうか？

■売掛金を見直したD社の場合

D社の売掛金の内訳書には数年前にトラブルになって回収不能になったものがありました。法人税は、貸倒損失が経費になるための要件が非常に厳しく、その要件がクリアできないため、ずっとそのまま放置した状態になっていました。

しかしいつまでたっても回収できないことは明らかでした。「もしかしたら、取引が再開したら回収できるかも……」と頭の片隅にあったようですが、今期は予想以上に利益が出てしまいそうです。

そこで**「債権放棄通知書」を先方に内容証明で郵送しました。これで法律上債権は存在しないものとなり、貸倒損失を計上することができたのです。**

■在庫を見直したE社の場合

E社はアパレルショップを経営しています。在庫の中には多く仕入れすぎてしまい売れないものがありました。在庫処分セールをすればよいのかもしれませんが、お店のブランドイメージを考慮するとそれもしたくない、とずっと倉庫の中に在庫として保管していました。

そこで、**利益が多く出るとわかった決算月に専門業者に依頼して廃棄処分しました。**

処分前の倉庫の様子も写真に残し、廃棄証明書の発行もしてもらいました。後日の税務調査を想定して、このように証拠を残しておくことは大事です。

これで実際に在庫がなくなったため、商品廃棄損を計上することができたのです。

価値の下がった分だけ経費にすることはできない

ここで、疑問に感じる人もいるかもしれません。

「わざわざ廃棄しなくても、価値が下がっているのだから、価値の下がった分だけ経費にできないのだろうか？」

これは特別な事情がないと法人税の経費になりません。その実際の価値を客観的に評価することが難しいからです。

貸借対照表に計上されている金額は、その取得した時点での金額です。

例えば、貸借対照表にある土地の金額は、その取得時期によっては、現在の市場価格が大幅に下がっている場合があります。この場合にも価値が下がった分を経費にすることはできません。

あくまでもその時点では価値が下がっているだけで、そのまま持っていれば、逆に市場価格が上がることもあるからです。実際の売却までその損失が確定できない、ということです。

なかなかタイミングがつかめずに貸借対照表に計上されたまま、という資産が増えてしまうことがあります。このように節税したい、というタイミングで損失を確定させるのがよいです。

節税以外の視点で言っても、貸借対照表上に含み損を抱えた資産があることは、表向き財産を保有しているようで実際は違うため、好ましくありません。

未払いのボーナスを経費にすることができる

また、未払い計上ができる費用がないかどうかも確認しましょう。期中は支払った時に経費計上することが多いですが、会計上は実際の支払いが翌年になっても、債務が確定していれば、経費計上することができます。

例えば、社員の給与計算が「15日締め・翌月5日支払い」になっているようなケースです。この場合は、決算月の16日〜末日の半月分について、末払い計上することができます。当期については1年と半月分の給与が経費計上されることになります。

半月分多くなってしまうのは問題あるのではないか？　と思うかもしれませんが、**会計上は「債務が確定している経費」を計上することが原則です。**経費計上の時期を本来の正しい時期に直しているだけであるため全く問題ありません。「結果として」節税になる、ということです。

これに関連して、利益を社員に還元する目的で「決算賞与」を支給する時があります。決算日までに支給完了していればよいのですが、問題は支払いが翌年になるケースです。

この場合には、経費となる条件が厳密に決められています。

■決算賞与が問題となったF社の場合

先日、F社の税務調査ではこれが問題になりました。社員はもちろん融資を受けている銀行などにも決算賞与の支給について「利益の○％」を支給する、と公表していましたが、それぞれの社員に具体的な金額を提示していなかったため、未払い計上が認められなかったのです。

しかも、仮にそれぞれの社員に具体的な金額を提示していても、認められなかったという事実が後からわかりました。

F社の給与規程に「賞与は、支給日に在職している社員を対象とする」という文言があったからです。この文言があると「支給日を経過しないと債務が確定しない」と解釈されてしまうのです。

なお、この文言は、給与規程を作成する場合の「定型文」のようなものです。ひな型を元に作成している場合には要注意です。決算賞与を未払い計上する時には必ず確認しましょう。

決算賞与については「法人税が多くかかるぐらいならば、社員に支給しよう」といった節税の意図が強いこともあり、ルールが厳格となっていますが、その他の経費についても、考え方は同じです。**債務が確定しているかどうかがポイントになります。**

例外は、売掛金の貸し倒れを見積もる「貸倒引当金」などの「引当金」くらいです。

この引当金もルールが細かく決まっています。もし、引当金を計上する場合には、税理士と相談しながら計上しましょう。

なお、給与のように、毎月発生するものを未払い計上することによって節税になった場合は、翌年以降も同じように未払い計上しなければなりません。

今期は利益が多いから未払い計上、翌年は逆に利益が少ないから未払い計上はなし、とすることはできません。それこそ「利益調整」になってしまうからです。

したがって、新たに未払い計上した時のみの節税なのです。

貸借対照表の節税は現金の支払いがない

貸借対照表で節税する場合の特徴は、実際の現金の支払いがなくて済むことです。

先ほどのD社もE社も、資産に計上されているものの、実際の価値がないものを処分しただけです。実際の現金を払うことなく、費用を増やすことができました。

貸借対照表の資産は、費用になる手前のものであり、その取得のためにすでに現金は支払い済みだからです。

もちろん中には、不動産や車のように、現金で払っていなくて残債である借入金や未払金がまだ残っているケースもあります。

しかし、少なくとも、その残債がさらに増えることはありません。残債が残っているから処分できない可能性はありますが、節税とは全く別問題です。

これはひとえに、法人税は1年間の利益を基準とするからです。この1年間という期間の制約があるから、いつ、どの時期に経費にするかによって大きく変わってくるのです。

損益計算書はよくわかるけど、貸借対照表はどうも苦手で……と、あまり確認することなく決算を終えてしまうことがよくあります。

現金を減らすことなく節税できるというのは大きなメリットですので、もれなくチェックしましょう。

会社の経費にしつつ、所得税がかからないようにする方法

「いつかは会社で不動産を持ちたい」と考える人は多いです。

「会社で不動産を持っていたほうが節税になる」という話もありますが、実際のところはどうなのでしょうか？

不動産は高額なものであり、資金の問題もあり、すぐに取得できるものではありません。そのため、自社の規模に応じて、不動産の賃貸でできること、不動産の取得でできること、を検討します。

今までは、単純に法人税のみを検討していましたが、ここからは、会社の「法人税」と役員や社員個人の「所得税」を同時に考えます。

不動産を使った節税の場合は、会社の法人税は抑えられるが、その分個人の所得税が増えてしまうケースもあるからです。

中小企業の社長の場合には、役員報酬の設定金額によって、法人税がかかるのか所得税がかかるのかの違いであって、どちらも税金です。

法人税が節税できたのに、所得税が予想以上にかかってしまった、ということになってしまうとあまり意味がありません。

特に現在は、法人税の税率が低くなっており、社長個人の役員報酬を増やして所得税を払うよりも、会社に利益を残して法人税を払ったほうが、結果として税金が安くなる、というケースが大半です。
節税を考えると、会社の経費にしつつ、所得税がかからないようにする方法がベストだということになります。

役員報酬については、定時株主総会などで決定した役員報酬のみしか法人税の計算上経費とすることができません。

通常はその決められた役員報酬だけ振り込みで支払うことになりますが、不動産を使った節税を考えた場合、現金で支払うのでなく「経済的利益」、実質的なメリットを会社が負担することになります。これも役員報酬の一部となります。

したがって、この経済的利益も含めた金額で「株主総会」や「取締役会」で決定しておく必要があります。そうしないと会社の経費として認められなくなってしまう可能性があるからです。

しかし、経済的利益は会社が負担した意識がないことが多いため、どうしても事前に具体的な金額を決められません。

そこで、役員報酬の他に一定の経済的利益を含むことをあわせて決定しておくことをお勧めします。

社長が借りた自宅の一部を会社に貸すことによる節税

まず創業期の場合です。この時期は節税よりもまず利益を出すことを考える時期でもありますが、自腹で払うぐらいならば、将来を考えて会社の経費にしたいと思うでしょう。店舗を構えなければいけない事業であれば別ですが、事務所を構えることなく自宅を事務所としていることも多いです。その際、自宅が賃貸物件である場合には、事務所家賃として経費にすることができます。

具体的には、自宅部分も存在するので、事務所部分を算定して家賃を設定して、個人と法人で賃貸借契約を結ぶことになります。20万円の家賃で、そのうち事務所スペースとして使っている部分が半分あれば、10万円の家賃設定として、法人の経費にします。

一方、個人に所得税が課税されることはありません。というのも、事務所家賃として収入があっても、その分は家賃として支払うため、個人の所得が発生することがないからです。

ただし、**「又貸し」となるため、特にその自宅を本店登記するような場合には、不動産**

オーナーにあらかじめ確認しましょう。

不動産オーナーと個人間での賃貸借契約が「又貸し禁止」となっていたり、利用目的に「住宅用のみ」となっているケースがよくあるからです。

しかし、私の経験を言うと、事務所利用することにより、よほど人の出入りがあるような場合でない限り、不動産オーナーに断られたことはありません。

会社で借りて社宅として個人に貸すことによる節税

逆のケースもあります。会社で住宅を借りて「社宅」として社員に貸し付ける方法です。この場合にも、その支払い家賃を会社の経費にすることができます。

ただし、**「一定額の家賃」の50％以上を本人負担としないと、その一定額分は個人の所得税がかかります。**会社からの給与の一部とされるからです。

例えば、家賃30万円の物件について「一定額の家賃」を計算したところ、6万円と計算できたとしましょう。そうすると、社員からは6万円の半分、3万円徴収すれば所得税が一切かからない計算です。

ここでいう「一定額の家賃」は税法によって計算方法が決まっています。

具体的には、その物件の固定資産税の課税標準額によって決まっています。実際に計算してみると、社員負担額は、家賃の10％程度の金額に収まることが大半です。

固定資産税の課税標準額は、不動産オーナーに事情を説明して直接確認できるのがよいです。また、賃貸借契約書を市役所等に持参すれば、固定資産税の課税標準額を確認することができます。

■社宅制度を導入した建設業G社の場合

建設業のG社は、経費の大半が社員給与であり、その他の経費をあまり必要としない会社だったため、どうしても税金が多くかかってしまい、頭を悩ませていました。

また、体力的に仕事がハードであったため、社員がなかなか定着しない、という悩みも抱えていました。

そこで、社宅制度を作り、入社時にはその転居費用も会社負担とすることにしました。

ある社員の実際の給与は次の通りに変わりました。

制度導入前　額面30万円、控除額（社会保険・所得税など）5万円、差引手取額25万円
家賃8万円で**支払い後の残額は17万円**

制度導入後　額面30万円、控除額5万円＋家賃徴収額2万円、**差引手取額23万円**
家賃支払いは0円

従来であれば、社員は手取り給与の中から家賃を支払わなければなりませんが、一部負担の天引きで済むようになったため、実質的な手取り額が増えたと大いに喜びました。
会社も、支払い家賃が経費にできたのはもちろんのこと、採用にあたって募集エリアを限定しなくてよいため、採用活動がしやすくなりました。

なお、役員の社宅の場合には、その広さなどによって計算方法が区別されています。役員の所得税がかからない、本人負担額は次の通りです。

- **「小規模な社宅」は、「一定額の家賃」**
- **「小規模でない社宅」は、「一定額の家賃」と支払い家賃の50%、どちらか多い金額**

・**「豪華な社宅」は、支払い家賃と同額の家賃**

社員に対する社宅の場合と、その計算方法が違うため注意が必要です。

事務所や店舗を借りる場合の内装工事による節税

事務所や店舗に対する家賃支払いは法人の経費であり、必要があってすることなので、節税の要素は低いかもしれません。

しかし、引越しに伴いさまざまな費用がかかるため、何が経費になるか改めて整理しておきましょう。

敷金（保証金）、これは当期の経費にはなりません。解約時に返金される可能性があるからです。

礼金は契約の期間に応じて経費となります。例えば、礼金30万円・契約期間3年として、当期が半年間であれば、30万円の36か月分のうちの6か月分、5万円のみが当期の経費です。

仲介手数料は全額経費になります。

内装工事費用は修繕費でなく固定資産となります。固定資産については、取得価額のうち30万円未満は一度に全額経費にすることができます。

内装工事費用に関しては、合計額で判断するのではなく、工事明細書を確認して、単独で30万円未満になるものはもれなく全額経費にしましょう。

一度に全額経費にできなくても、それぞれの資産の種類によって、建物になるもの、建物附属設備になるもの、と区分すれば、減価償却費の耐用年数も変わってきます。

また、法定耐用年数は、新品（新築）の自己所有であることが前提であるため、**借りた物件に対する内装費用については、その用途、使用材質などを考慮して耐用年数を設定することもできます。**

例えば、こんなケースです。

内装工事一式で２００万円かかったとします。鉄筋コンクリート造りの事務所の場合は、建物となり、法定耐用年数は50年。減価償却費は１年分としても２００万円×０・

０２（50年）＝４万円です。

そこで、工事明細書を確認すると、壁修理・扉取り付け（材質は木材）に１００万円、電気工事に40万円、トイレ交換に25万円、オフィス棚が３セットで35万円とあります。

この場合には、一度に全額経費にできるのは、トイレ交換25万円とオフィス棚35万円。30万円未満かどうかは、１セットあたりの金額がどうか、です。

壁修理など１００万円は材質が木材のため、同じ建物でも24年（０・０４２）で、電気工事40万円は建物附属設備の15年（０・０６７）となります。減価償却費は、建物が１００万円×０・０４２＝４万２０００円、建物附属設備が40万円×０・０６７＝２万６８００円。

当初は４万円のみだったのに対して、その詳細を確認しただけで、約67万円経費とすることができます。

さらに、その賃貸借契約の契約期間が決まっており、かつ更新できない場合には、その契約期間を耐用年数とすることができます。

このように細かい判断が必要となるため、賃貸借契約書と内装工事明細書を元に税理士に相談してください。

工事の内訳を詳しく見れば、節税も可能

内装工事請求書	
金200万円	→ 建物

減価償却費
（鉄筋コンクリート・事務所）
200万円×0.02＝4万円

経費として計上できるのは4万円のみ
しかし、工事の内訳を詳しく見ていくと……

↓

内装工事内訳書

1 木工事（壁修理等）	100万円	→建物（木材）
2 電気工事	40万円	→建物附属設備
3 トイレ交換	25万円	→1セットあたり30万円未満
4 棚（3セット）	35万円	→1セットあたり30万円未満
	合計200万円	

1 減価償却費（木造・事務所）	100万円×0.042＝42,000円
2 減価償却費（電気工事）	40万円×0.067＝26,800円
3 修繕費	25万円
4 修繕費	35万円
	合計66万8,800円

約67万円が経費に計上できる！

かかった金額すべて経費とはならないものの、引越し代なども経費にすることができます。不動産は出会いの要素が大きいですが、タイミングが合えば節税にもなります。

「社長が購入した自宅を会社に一部貸す場合」

不動産を取得した場合、まず考えられるのが、社長が購入した自宅を会社に一部貸すケースです。先ほども似たケースがありましたが、個人で借りていたのに対して個人での購入です。

先ほどとの違いは、**個人所有の不動産を賃貸するため、所得税の計算上、新たに「不動産所得」の計算が必要になる、**ということです。

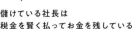

不動産所得の計算上の収入は、会社からの家賃収入、経費は、その自宅の減価償却費、固定資産税その他の不動産の維持費です。

ただし、通常はあまりお勧めしていません。というのも、一般的には住宅ローンを組んで自宅を購入すると思いますが、個人で住宅ローン減税を受けたほうがよいと予想できるからです。

この住宅ローン減税はいろいろな要件がありますが、その1つに「居住用として使用」というのがあります。一部を会社へ貸してしまうと、その一部分は「居住用」にならないのです。

例えば、4分の1を会社に貸しているとします。現在住宅ローン減税を最大限受けられたとすると、40万円所得税が安くなりますが、その4分の1の10万円は住宅ローン減税を受けられなくなるのです。

建物部分の4分の1が減価償却費の対象となったり、維持費の4分の1が経費として申告できるにせよ、そこまで所得税は安くならないのが一般的です。法人税が安くなるにせよ、所得税の確定申告の手間を考えるだけでもお勧めできません。

一部を会社専用にする前提で建てるのであればともかく、一般的な住宅の一部を事務所利用する程度の規模であれば、住宅ローン減税を受けたほうがよいでしょう。

中古の土地建物をあわせて購入する場合（購入時）

では、会社で不動産を購入すると節税になるのでしょうか。実際にあった事例で考えたいと思います。

■賃貸していた工場を購入したH社の場合

製造業のH社は、工場を借りて操業していました。当時の家賃は１２０万円。年間で１４４０万円でした。この支払い額が経費となっていました。

ある日、この工場を土地と一緒に2億円で買い取ることになりました。

そのための資金は、敷金として契約当初に支払っていた６５０万円、預金から１３５０万円、残りは借入金で1億８０００万円用意しました。借入金は20年返済、利息とあわせて月１００万円の返済となりました。

この時の契約書には、2億円の内訳の記載がありませんでした。そのため固定資産税評価額の割合で計算をし、工場分は２０００万円、土地分は1億８０００万円としました。

なぜ、内訳を確定しないといけないかというと、工場は建物なので減価償却費が計上できるのに対して、土地は処分時まで一切経費計上できないからです。

いかに建物分が多く計上できるかが重要です。

この他に、取得した時には「登記費用」「不動産取得税」がかかります。これが合計で５００万円かかりました。

中古の土地建物をあわせて購入する場合（購入した後）

買い取った後の支払い額は、借入金の返済額です。月１００万円なので、年間で１２００万円。また、毎年「固定資産税」がかかってきます。これが１５０万円。

支払い額の合計は、取得した時は、預金からの１３５０万円＋５００万円＝１８５０万円。以後は、１２００万円＋１５０万円＝１３５０万円。期首に取得したとしたら、初年度は３２００万円、次の年からは１３５０万円となります。

では、会計上は全額経費になるか、というと、**登記費用などは経費になりますが、借入**

金返済については全額は経費になりません。経費にできるのは利息のみです。

20年返済なので、総支払い額は、1200万円の20年分の2億4000万円。元本が1億8000万円なので、利息の総支払い額は6000万円。1年当たりの利息支払いは300万円です。

また、建物の減価償却費が経費となります。登記簿謄本から、建設時期とその構造の確認がとれるため、それを基に耐用年数を計算します。国税庁が発表している耐用年数はあくまでも新築であることが前提だからです。

計算したところ10年となったため、年間200万円が減価償却費となります。

経費の合計は、取得した時は、500万円。以後は、300万円＋150万円＋200万円＝650万円。期首に取得したとしたら、初年度は1150万円、次の年からは650万円です。

支払い家賃は、1440万円でしたから、むしろ不動産取得により経費となる金額は少なくなり、利益が多く計上されています。その増加額790万円に対する法人税だけ多くかかります。

中古の土地建物を購入した場合の例

購入時にかかるもの

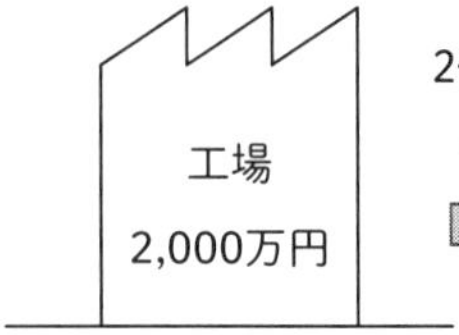

土地　1億8,000万円

2億円で購入

購入資金の内訳

敷金650万円
預金1,350万円
借入金1億8,000万円
（20年返済　年間元本返済900万円）

※別途登記費用・不動産取得税として500万円を支払い

購入後にかかるもの（1年あたり）

借入金返済　1,200万円（元本900万円　利息300万円）
固定資産税　150万円
減価償却費　200万円

現金支払い

初年度	預金1,350万円＋登記費用・不動産取得税500万円＋借入金返済1,200万円＋固定資産税150万円＝3,200万円
2年目以降	借入金返済1,200万円＋固定資産税150万円＝1,350万円

経費

初年度	登記費用・不動産取得税500万円＋借入金利息300万円＋固定資産税150万円＋減価償却費200万円＝1,150万円
2年目以降	借入金返済1,200万円＋固定資産税150万円＝1,350万円

さらに言うと、借入金の返済などもあるため、支払い額は家賃支払いとさほど変わらないことになります。

節税のために不動産を所有する、ということは考えにくいです。むしろ、会計上の利益を増やして財務内容をよくする、といった別の視点で判断することです。

「不動産（その他固定資産を含む）を事業に使用しなくなった場合」

H社が、仮にこの工場を操業停止したとしましょう。

建物はもちろん、その中にある機械など固定資産は、事業用に使用して初めて減価償却費の計上ができます。したがって、操業停止した場合には、減価償却費は計上できません。

しかし、もし、操業停止が一時的なものであって、いつでも再稼動できるようにメンテナンスをしている場合には、減価償却費を計上することができます。

また、逆に、再稼動できない場合にはどうでしょうか？　減価償却費は計上できません。

そして、その機械は廃棄して、工場を解体しないと損失計上できないのが原則です。

しかし、**今後再稼動しないことが明らかである場合には、実際に廃棄・解体しなくとも、帳簿価額から処分見込額を控除した金額を損失計上ができます。これを「有姿除却」といいます。**

実際の廃棄・解体のための費用が負担できず、そのままになっているため、帳簿にも資産として残したままになっているケースがあります。このような場合には損失計上しましょう。

消費税の計算方法は2種類ある

消費税申告の計算方法は2種類あります。

1つ目は「原則課税」、2つ目は「簡易課税」です。

例えば、売上が100万円（預り消費税10万円）、経費が70万円（支払い消費税7万円）の場合は次のようになります。

原則課税は、売上に対する預り消費税10万円から、支払い消費税7万円を引いた残りの3万円、これが納める消費税です。

これに対して簡易課税は、売上に対する預り消費税10万円から、実際の支払い消費税は無視して、その事業内容ごとに決められている割合を掛けた金額を引いた残りが納める消費税となります。

この割合ですが、例えば卸売業であれば90％、小売業であれば80％です。卸売業であれば、10万円から10万円×90％を引いた残りの１万円、これが納める消費税です。

この、**簡易課税は原則課税に比べて一般的には納付税額が少なくなる傾向がありますが、気をつけなければならない点がたくさんあります。**代表的なものは次の通りです。特に、設備投資などが発生する場合には影響が大きいです。

❶ 事前に税務署へ届け出が必要
❷ 一度選択すると、２年間は簡易課税で計算しないといけない
❸ 選択後に原則課税で計算したい場合には、事前に適用を止める届け出が必要
❹ ２年前の事業年度（課税期間）の課税売上高が５０００万円を超える場合は簡易課税での計算ができない

❺原則課税は、預り消費税から支払い消費税を引いた残りなので、得もしないが損もしない。これに対して、簡易課税は得する可能性があるが、逆に損する可能性もある

消費税の納税義務とは？

消費税の納税義務については、さまざまな視点からチェックが必要です。原則は、当期の2年前の事業年度（課税期間）の課税売上高が1000万円を超えるかどうかで判断します。例えば、今年が2021年3月期であれば、2年前の2019年3月期の課税売上高が1000万円を超えるかどうかです。

なお、ここでいう「課税売上高」は、会計上の売上高と必ずしも一致しません。雑収入や固定資産の売却金額なども含まれるからです。

ただし、例外がいくつかあります。代表的なものは次の通りです。

❶法人の1期、2期は2年前の課税期間は存在しないため、原則として納税義務なし

❷ 法人の1期、2期のうち期首資本金が1000万円以上の課税期間のみ納税義務あり

❸ 法人については、2年前の課税期間が1年に満たない場合には、課税売上高を年換算する。例えば、2年前の課税期間が8か月で、課税売上高が800万円の場合には、800万円÷8か月×12か月＝1200万円となる

❹ 前期の上半期（2022年3月期の場合は、2020年4月から9月）の課税売上高、支払い給与（役員報酬も含みます）がいずれも1000万円を超える場合には、2022年3月期は納税義務あり

消費税の納税義務の有無は大きな影響があります。また、これらの規定は現在かなり細分化されて、こういったケースの場合はこのように判定する、とケースバイケースになっています。慎重に判断する必要があります。

2023年10月からは消費税の計算方法が大きく変わる

消費税については、改正によって、今まで認められていた課税仕入高が急に認められな

くなる、というようにルールがひっくり返ることがよくあります。
その一つとして、２０２３年10月からインボイス制度が始まります。

今までも、課税仕入の消費税を控除するためには請求書や領収書保存の要件があり、その記載内容も細かく決まっていました。ただし、現実にその取引先に消費税の納税義務があるかどうかは一切関係ありませんでした。

しかし、今回の改正により、**税務署に請求書発行のための登録をして、専用の登録番号を持っている事業者からの請求書分に対する消費税しか控除できなくなってしまうのです。**

この登録が、消費税の納税義務がある課税事業者しかできないのです。例外は、古物商等の個人からの中古品の買取や、自販機の支払いです。

先ほど、消費税の納税義務についてお話ししましたが、たとえ2年前の売上が１０００万円以下であっても、専用の登録番号を取得するために、あえて消費税の納税義務者になることを選択することになる事業者も多いはずです。

一番影響が大きいのは、フリーランスに業務委託をしている会社でしょう。

フリーランスに対する支払いは「外注費」になりますが、このフリーランスが課税事業者でなく登録番号を持っていないと、今まではできていた外注費に対する消費税の控除ができなくなってしまいます。

フリーランス側の立場で考えると、クライアントはもし同じだけの仕事ができる２人がいたら、登録番号を持っている人を選ぶでしょう。自分の売上が下がる恐れがあります。

これは、お互いの力関係によりますが、いずれにせよ取引先が事業者である場合には、専用の登録番号を取得することになるでしょう。

なお、逆に、理美容店など、顧客が一般消費者のみであれば登録番号は必ずしも必要ありませんので、消費税の納税義務がない場合は特に何もしなくてもよいでしょう。

すでに課税事業者であっても、登録番号を取得すればそれだけというわけにはいきません。請求書の記載内容のルールが細かく決まっているので、その様式に合っているかの確認が必要です。

また、契約書に基づいた毎月定額の取引については請求書を発行しないのが通常かと思いますが、今後は請求書または領収書を発行しなければなりません。

代表的な取引は家賃です。税理士報酬も該当するので、私も今後どのようにしようか検討しているところです。

これだけの大きな改正なので、経過措置の期間が設けられています。経過措置期間の終了は２０２９年９月となっています。

まだ先のようですが、あっという間にその時が訪れます。改正内容を理解して対策をしていただきたいと思います。

第5章

儲かっている会社がやっている会計ルーティン15

会計ルーティン―1

試算表は翌月10日までに作る

■月次試算表を経営に活かす

会計は過去の結果を表すものです。過去のものですから、それ自体を変えることはできません。

「常に儲かるためにはどうすればよいのか？」を考えるためには必要ないものと考えてしまうのかもしれません。

しかし、改善をしていくために必要である、いわゆる「ＰＤＣＡサイクル」を回していくための手段として、月次試算表を活用することほど適切な方法はありません。

ただし、そのためには、早く作成しなければなりません。そうしないと時間はどんどん経過していってしまうからです。

例えば3月になって12月の試算表を見て、12月のことを鮮明に思い出せますか？　その後もうすでに2か月以上経過してしまっている状況です。それでも発見はあるかと思いますが、やはり記憶は薄れてしまっていると思います。また、1月以降現在まではどうなっているのか気になりますよね？

そのように考えていくと、翌月10日までに月次試算表を作るのが理想です。

しかし、経理担当者を持たない小規模事業者ではなかなかそうはいきません。記帳代行であれば翌月、もしくは2か月近くかかってしまうことも多いでしょう。

それでは自計化しないと儲からないのでしょうか？　決してそんなことはありません。記帳代行で試算表作成している会社でも儲かっている会社はあります。

確かに、本章のことをしていたからといっても、いつでも増収増益というわけではないかもしれません。

しかし、**2020年のコロナ不況の際にも普段から試算表ができていれば、不況対策融資の資料はすぐに準備できて、速やかに融資を受けることができました。**これは、常に会社の現状が把握できていたからです。

本章では、記帳代行でも儲かっている会社がやっている、会計ルーティンを紹介したいと思います。

いかにスムーズに試算表を作成するか、その後その試算表をどのようなことに気をつけながらチェックするか、ということです。

■記帳代行でも儲かる会社の共通点

記帳代行でも儲かっている会社の共通点は、ただ1つ、**必要書類が早くもれなく揃う会社**です。

私の事務所では、契約時に記帳代行を希望する社長に、必要書類の一覧をまとめたものをお渡ししていました。なので、以前はどんな会社であってもスムーズに揃えてもらえるものだと思い込んでいました。

しかし、実際は違いました。当初はなぜかわかっていなかったのですが、今ならわかります。

それは、日々の会社の取引によってどのようなお金の流れになっているのか理解しきれていないからです。

よくあるのは売上請求書と経費領収書は届くのに、通帳データが届かないケースです。

これらの資料のみで、損益計算書を作成しようと思えばある程度はできます。しかし会計は貸借対照表と損益計算書はセットです。

売上であればいつ、いくら入金になったのか、経費であればいつ、いくら支払ったのかがわからなければ帳簿作成はできないのです。

どのくらい利益が出るのか、その結果お金はどのくらいになるのか、同時に把握するために帳簿作成をするのです。

■記帳代行のために必要な書類

それでは、具体的にどのような資料が必要なのでしょうか？

実際の私の事務所で記帳代行を依頼された場合を例にしてお話しします。

具体的には、毎月いただきたい資料と取引が発生した都度いただきたい資料に分かれます。

毎月いただきたい資料

❶通帳コピー

❷売上の詳細がわかる資料
❸仕入・外注その他売上原価の詳細がわかる資料
❹経費領収書
❺クレジットカードによる支払明細書
❻賃金台帳

取引が発生した都度いただきたい資料
❶銀行借入金が発生した場合、借入時計算書・返済予定表・保証決定通知書
❷リース明細書およびリース支払予定表
❸固定資産を取得した場合は、その明細書（車両明細書、工事明細書など）
❹固定資産を売却した場合は、その明細書
❺家賃契約した場合には、賃貸借契約書および契約時支払明細書
❻家賃解約した場合には、精算明細書
❼新規保険契約をした場合は、保険証券コピー

その他、事業にあたって重要な契約があった場合には、契約書を確認させていただきます。

各会社によって取引の流れやお金の流れが違うので、具体的な必要書類は異なります。したがって、ヒアリングしながらその必要書類を確定します。

そして、具体的にどのタイミングで資料をもらうのかも決めていきます。例えば、買掛金の請求書が揃うのに時間がかかる、といった場合があるからです。その場合には、先に他の資料をお預かりして、後日送っていただくこともあります。

特に、通帳コピーがないと始まりません。今は銀行口座を利用した取引になっているはずであり、お金の出入りは銀行口座に集約されているからです。

利用していない銀行口座や定期預金、積立預金などについては、決算時・解約時のみでもかまいませんが、それ以外は必ずすべて揃っている必要があります。

会計ルーティン―2

事業内容ごとの会計の特徴を押さえる

「毎月いただきたい資料」の❷と❸は、会計上の粗利益までがわかる資料です。これらは特に重要です。

取引の流れ、言い換えるとお金の流れによって必要なものが変わってきます。まずここをじっくりとヒアリングして必要書類を確定しなければなりません。状況によっては管理方法の変更を提案することもあります。

事業の内容ごとに特徴がありますので、いくつか例示したいと思います。

■店舗販売の場合

店舗販売の場合は、主な取引先が法人である場合とは違い、毎日売上が発生し、その都度現金をもらう取引となります。最近は電子マネーやクレジットカード決済が増えましたが、まだまだ現金取引が主流です。

現金を取り扱うため、現金管理が重要です。


現金出納帳を作成し、実際の手元の現金と残高が一致しているか確認することが大切です。

現金出納帳は作成しているけど、実際の手元の現金と一致しているかの確認をしていないケースが多いですが、実際の手元の現金と一致していなければ意味がなくなってしまいます。

預金口座であれば後日確認が可能ですが、現金の場合は、自分で毎日把握しないとあっという間にわからなくなってしまいます。

同時に、現金経費も発生することが多いですが、売上の現金と経費の現金は別で管理するのをお勧めしています。売上入金の現金から経費を支払うのではなく、売上は売上現金として、経費は経費用の現金として財布を分ける方法です。

そして、売上現金は銀行口座に預け入れをしましょう。

銀行口座に履歴を残す、ということもありますが、銀行から見た場合に、現金売上が把握できないと実際の売上がどのくらいかわからず、マイナス評価になってしまうことがあります。また、防犯上の理由もあります。

毎日預け入れできれば理想ですが、難しい場合には2、3日に1回でもよいでしょう。

電子マネーやクレジットカード決済の売上の場合には、決済手数料が差し引かれて入金となります。それぞれのサービスごとに、手動で入金処理をするものや、週1回、月2回といったように入金スケジュールが決まっているものなどあります。

それぞれのサービスごとに把握しなければなりません。そのためのデータや書類も準備していただきます。

■ウェブサイトやシステム、その他の制作や建設工事などの場合

制作や工事など、受注から完成納品まで一定期間かかるような場合です。

これらの場合には、**現場ごとの売上および売上原価管理が重要となります。売上をナンバリングして、売上ごとに原価管理をする必要があります。**

しかし、あまりにも細かく原価管理しようとすると、かえってわかりづらくなってしまうことがあります。

建設業でいうと、工事現場でかかった部材など細かい経費は共通原価の扱いでよいでしょう。主な材料や外注費のみ、売上ごとに原価管理するようにします。

社員給与も現場ごとに区別するのが正しい処理ですが、社会保険料なども合わせると会計が複雑化してしまいかえってわかりにくくなってしまうので、小規模の場合にはあまりお勧めしていません。

また、売上請求書の内容が手付金など前受金の請求である場合があります。請求書の内容を詳しく確認します。

■士業や中古車販売業などの手続き代行を伴う場合

お客様負担の印紙代などが高額になるため、事前に預かる場合があります。預り金と売上代金とを明確に区別する必要があります。この場合には、請求書の他に預り金の精算書も必ず必要となります。

各お客様ごとに預り金管理するのが原則です。しかし同じ手続きの場合には、お客様負担の手数料は定額の場合があります。その場合には会計上はすべてのお客様の預り金の合計額で把握できればよいでしょう。

一方、印紙などの場合には、まとめて購入する場合もあります。この場合には、印紙なども在庫の一種として管理するようにします。勘定科目でいうと「貯蔵品」となります。

■塾やスクール事業などの場合

売上は毎月定額で、売上件数が多いケースが多いです。この場合は入金管理が大変です。

このような場合には、費用との兼ね合いはありますが、収納代行会社と契約することをお勧めしています。件数が20件以上の場合には、入金管理の手間を考えれば収納代行会社と契約したほうがよいと考えています。

記帳代行には、収納代行会社からの請求一覧、振替一覧をもらうようにします。

会計ルーティン—3 試算表を税理士と一緒に見ながら話し合う

■社長が一番興味を持つ

もし、試算表作成を経理担当者や会計事務所などに依頼していて、なかなか報告が上がってこない、という場合の原因としてあり得るのは、社長があまり試算表に興味を持っていないことが考えられます。

社長にいかに興味をもっていただけるか、というのは私個人も日々考えているところですが、中には最初から試算表のことなんて社長の仕事じゃない、経理の細かい仕事は社長がやることじゃない、という方もいました。

でも、それが試算表を経営に活かすことができない一番の原因かもしれません。

儲かっている会社の社長はほぼ例外なく、数字にこだわり、試算表もよく見ていましたし、わからないことは質問がきます。こちらも事前に疑問に思うだろうことを意識しながら説明するようになります。

儲けることが目的なのですから、その行動結果であり、業績がわずか4、5枚でまとまっている試算表にまず社長が興味を持ってほしいと思います。

会社が儲かっているかどうかに、まず興味を持たないことにはそこから話は先に進めません。

なぜこの結果になっているか振り返る時間を作る

試算表を早く作るのは、試算表で業績の結果を把握して、その先のヒントにするためです。

いつも通りの行動をすればいつも通りの結果になります。したがって特別なことがなければ、会計の数字の変化はゆっくりで、注意深く見ていないとその変化はわかりにくいです。また、ただ眺めるだけではただの数字の羅列にしか見えてきません。

そこで、**試算表を見ながら、なぜこの金額になったのか振り返る時間を作ることをお勧めします。**

それぞれ自分なりにチェックポイントをもって毎月見ていくと、ある時わかるようになってきたな、と実感できる時があります。

例えば経営者同士で一般的な会計の話をしている時にもしかして自分のほうが理解できているかも、と感じることができるといったことです。

そして一人で見るより税理士と一緒に見ながら話し合うことをお勧めします。

ある日目覚めた瞬間すべてわかった！　というわけにはいきませんが、もし今まで全く試算表を見ずに経営していたのであれば、自分の頭の中で考えていたことと実際とのずれに気づくことは多いです。

逆に、なんとなくこの経費を使いすぎているかも、といった目をそらしがちなこともしっかり試算表には表れてきます。

その月の業績がよかった時にはじっくり見ても、逆に業績が悪かった時には見たくない、という方がいます。

しかし、業績が悪かった時こそ、試算表を見るようにしてください。そうすれば業績が悪い原因や、業績を回復させるための対策が打てるはずです。

会計ルーティン―4 損益計算書を先に見ない

試算表は決算書と同じく、貸借対照表、損益計算書の並びになっています。どうしても損益計算書のほうが理解しやすいので、すぐに損益計算書を見に行きたくなってしまいます。しかし、そこはガマンして、貸借対照表を見るようにしましょう。

というのも、損益計算書に比べて、貸借対照表は苦手意識が多いからです。私自身もそうだったのでとてもよくわかります。

しかし、今のお金の状況を把握するためには、貸借対照表を見慣れないといけません。

売掛金を見れば、来月の入金予定が見えますし、買掛金未払金を見れば来月の支払い予定が見えます。

そもそも、損益計算書の結論である利益は、貸借対照表の純資産を見ればわかります。確かに売上がいくらでいくら経費を使っているか、といった具体的な内容は損益計算書を見ないといけませんが、利益を上げるのが目的なのですから、まずは利益がわかればよいのです。

具体的にいうと試算表であれば、純資産の増減がその期間の利益です。決算書であれば2期分を比較する必要がありますが、試算表には前期繰越・翌期繰越があり、その途中経過があるので、その試算表だけでわかります。

会計ルーティン―5

「利益は出ているか？」「資金は足りているか？」を見る

それでは試算表をどんな視点で見るのがよいでしょうか？　まずどんな会社でも最初にみていただきたい場所は2つです。

1つ目は、利益が出ているかどうかです。ここでは、最終利益を指します。損益計算書を見ると、売上総利益（粗利益）、営業利益、経常利益などさまざまな利益がありますが、ここではいったんおいておきます。それらは後から確認するところです。

まずは、赤字か黒字か。そして具体的に、いくら赤字なのかいくら黒字なのかを見ていきます。

試算表の数字はただその金額を見ているだけではなかなかピンとこないものです。そこで、比較の視点があるとよいです。

まず、その金額が当初計画・目標と比べてどうだったのか。具体的な計画を作成していなかったとしても、仮に漠然とであってもこのくらいの利益が出ているはず、というものがあるはずです。その金額と実際どうなのか、ずれがないのかの確認です。

また、自社の前年同月と比較してどうなのか。会社は新たな投資など特別なことをしていなければ、前年同月と同じ結果になりやすいです。外部環境がほぼ同じだからです。

2つ目は、資金が足りているかどうか。今どれだけの資金があるのか。それが月商1か月分にも満たないのであれば翌月の毎日の資金繰りも注意しないといけません。

試算表で翌月の支払いにどのくらいかかるのかは予想がつきます。

買掛金や未払金、借入金の月返済額、これに現金経費を加味した金額がおおむね翌月に支払う金額になります。

入金があれば支払うことができる、という状態は資金に余裕はない、と考えてください。

というのも、なんらかの事情で入金が遅れるということは十分あり得ることだからです。

その場合は早めに融資などにより資金手当てをする必要があります。

会計ルーティン—6 あれ？と思うことは覚えておく。ただし決めつけない

毎月定期的に試算表を見るようになると、違和感を覚える時があります。

これは試算表に限らず、販売データなど一見数字の羅列にしか見えないものであっても、定期的に見続けていると、何か引っかかりのようなものを感じる瞬間があります。

こういったことがあった場合には覚えておいてもらいたいと思います。そこに何かのヒントがあるからです。

さらに大事なのは、そこで簡単にその理由を決めつけないことです。

例えば、売掛金が多かったとします。その理由は大きな受注があったからかもしれません。取引条件が変更になって入金サイトが変わったのかもしれません。場合によっては入金が遅れているのかもしれませんし、そもそも会計入力に誤りがあるかもしれません。

あくまでもその時点では売掛金が多かったということしかわからないのです。売掛金が多かったその理由は複数考えられます。

そこで理由を保留にするのは慣れないと気持ち悪いと思いますが、その理由を違う理由で決めつけてしまうとその後の対策も誤ったものになってしまいます。

会計ルーティン―7

試算表からバランスシートを手書きする

■大まかに手書きして、調達（右）と運用（左）のバランスを見る

貸借対照表を見られるようになるコツは、大まかに貸借対照表を手書きできるようになることです。そのためには、ポイントとなる勘定科目を、会話で話すように数字も大まか

にとらえることです。

例えば、現預金が1832万5790円とあったとしましょう。この数字をぱっと見ていくらで表現するか。仮に口頭で説明する時に、現預金が1832万5790円でした、と話すでしょうか？　状況によりますが、まずないでしょう。1830万円とするか、1850万円なのか、1800万円なのか、場合によっては2000万円ととらえる人もいるでしょう。

この感覚は個人差があると思います。それは、年商2億円規模の会社と年商20億円規模の会社とは違うからです。

年商2億円規模の会社で1832万5790円を2000万円としたらおおざっぱすぎるように思います。実際の差額167万円は年商2億円規模の会社であれば少額とは言えないからです。10万円もしくは50万円刻みの単位になるでしょう。

それではなぜこれが重要なのか。それは全体のバランスを見るためです。

貸借対照表は別名バランスシートといいます。それは、資金の調達を表す右側と運用を表す左側の合計が必ず一致するからです。どのように調達したのか、それをどのように運用、すなわち使ったのか。

純資産であれば返さなくてよいのですが、負債は返さないといけない金額です。そのうち、流動負債についてはすぐに返さないといけないものですから、それに見合う現預金やすぐ現金になる流動資産で賄えないといけない、となります。

固定資産があるにもかかわらず、その金額に見合う純資産や固定負債である長期借入金がなく、代わりに短期借入金があるとなってしまうと、固定資産はすぐに換金できるものではないので、その返済のために資金繰りに苦労することになってしまいます。

■売上に関連する資産、売上原価に関連する負債

貸借対照表と損益計算書はつながっている部分があります。直接の接点は繰越利益ですが、勘定科目でもグループを作ることができます。

売上に関連する勘定科目は、受取手形・売掛金・前受金です。今、手形取引が発生するのは一部の会社に限定されていますが、建設業などではまだ見ることがあります。これらはすべて、売上の入金に関連するものです。

すでに売上となっている入金であれば当然現預金に入っています。それに対して受取手形・売掛金は、売上になっているがまだ入金されていない金額です。前受金はそれとは逆に、まだ売上になっていないのに、先に入金になっている金額です。

現在を起点として、入金されているかいないか、で分けられているのです。

一方、売上原価に関連する勘定科目は、在庫と支払手形・買掛金です。棚卸は業種によって商品・製品・仕掛品・未成工事支出金などいろいろとあります。支払手形・買掛金は商品でいうと、すでに商品は入ってきているのにまだ支払っていない金額です。

注意したいのは、棚卸よりも支払手形・買掛金が多いケースです。毎月棚卸をしている前提であれば、その差額は、売上原価になっているということになります。すでに売れているものなのに、支払いがまだということになってしまいます。

これは、支払手形・買掛金の支払いを遅くすることによって資金繰りをまかなっている可能性があります。

会社にお金が入るのは、売上入金か借入かどちらかしかない

日々お金が入ったり出たりしているので、あまり意識していないと思いますが、会社にお金が入ってくるのは、売上入金か借入金かどちらしかありません。

もちろん、固定資産を売却すればその売却代金は入ってきますが、固定資産は本来会社に必要なもので、めったに売却することはありません。したがって例外と考えてよいでしょう。また、増資という方法ももちろんありますが、それこそめったにないことです。

通常は売上入金でお金を賄う、足りなければお金を借りてくるのです。この原則を意識しながら見ると、とてもシンプルに見えてきます。

会社を複数経営していて、その会社間で取引があると、わかりづらくなります。

A社とB社を経営していて、A社で1億円売上があり、B社へ2000万円外注費があるとしましょう。一方B社の売上は5000万円とした場合、そのうち2000万円はA社からの売上だとしたら、A社とB社の外部からの売上入金の合計は1億3000万円です。

会社を複数に分けるのはさまざまな事情がありますが、両社のオーナーが同じ場合はどのぐらい儲かったかは2社あわせて考えるのがよいです。 A社とB社の取引2000万

円はA社からお金が出ていき、B社に入るとなるので、お金が増える結果とはなりません。
したがって、お金を増やすという視点ではグループ間の取引とその他の外部の取引を分けて考えて、外部の取引先を増やす必要があるでしょう。

会計ルーティン―8
請求もれ、入金もれがないかチェックする

これは第1章から何度も何度も書いてきています。なぜこんなに何度も出てくるかというと、これほどもったいないことはないからです。

やっとの思いで受注して、売上原価をはじめ人件費もかけてやっと納品したにもかかわらず請求がもれてしまう。当然入金がない。これは必ず避けたいです。

試算表が完成した時点であれば、お客様にもまだお詫びして請求書発行することも可能です。それがずっと気づかないままになって、しかも少額であると、言い出しづらくなる。現場で忙しい社長は本当に気をつけなければいけません。

以前、当事務所で記帳代行を行っていた会社で、受注一覧表があったおかげで、請求も

れが見つかったケースがあります。しかし、記帳代行のためには請求書は確認しても受注までは確認しないことが一般的ですので、このケースはラッキーでしかありません。

また、別の記帳代行していた会社では、売掛金の確認をしていた時に入金もれが見つかりました。

その社長からなぜもっと早く教えてくれなかったのか、と言われましたが、こちらでは各取引先との取引条件まで把握するのは不可能です。

売上請求や入金チェックは必ず自社で行わなければなりません。

あくまでも経験則ですが、**不思議なことに、業績の悪い会社に限って請求もれや入金もれが発生しがちです。もし何度も発生するようであれば、業務フローを見直す必要があります。**

また、少額であるから、となんとなくうやむやにする癖をつけないように、社長が率先して対策を練るようにすることが重要です。

会計ルーティン—9

適正在庫をつかむ

卸売業、小売業の場合であっても、毎月棚卸をしていない試算表はよくあります。商品数が多い場合は、毎月実際に数えて正確な棚卸は難しいのかもしれません。

しかしよく話を聞いてみると、別途在庫システムで管理していたり、在庫一覧をエクセルでまとめていることが多いです。その場合には必ず試算表にも反映させましょう。

そうしないと、売上原価が正確なものにならず、単純に当期仕入高が売上原価となってしまい、売上に対する原価とはかけ離れてしまうからです。

つまり、試算表上の利益が参考にならないということです。在庫の単価が高いものや、中古品のように各商品について仕入単価が全く異なるものはなおさらです。

この「在庫をどう管理するか」「どのくらい持つか」は経営判断の大きな1つでもあります。

せっかくお客様が欲しいと言ってくれたにもかかわらず在庫がない売り切れの状態に

なってしまったこと、これを「機会損失」といいます。

やはり機会損失は怖いものです。したがって、そういう事態にならないようにできるだけ在庫は持っておこう、という発想になります。

そうなると在庫はあっという間に増えてしまいます。心理的に、いつか売れるものだから多く仕入れても問題ないという発想になりがちです。売上を伸ばしたい、という心理もあるでしょう。

その結果、必要以上の在庫を持ってしまい、それが不良在庫になってしまうことがあります。私はよく「在庫は腐る」と表現します。生ものでなくても同じなのです。

しかも、在庫は先払いになるため、手許現金がなくなってしまいます。在庫管理のために倉庫代などの経費もかかりますし、何よりも手間がかかります。在庫がないと思い込んで追加仕入れした直後に、過去に仕入れたものを見つけた、といったことが頻繁に起こります。

適正在庫はどのくらいか？　こればかりは各会社によって違ってきますので明確に答えることはできません。

しかし、仕入れてから時間が経過して古くなればなるほど商品は売れにくくなります。自社の適正在庫をつかむには、在庫管理をしつつ何がいつ売れたかを常に把握しながら試行錯誤していくしかないでしょう。

会計ルーティン―10
社長が納品書・請求書に目を通す

ここでいう「納品書・請求書」は売上だけでなく、仕入や経費の納品書・請求書も含みます。月1回は必ず目を通すことをお勧めします。

経理担当者から一覧表を作成してもらってそれを確認するだけではなく、原本を確認するようにしましょう。理由はいくつかあります。

1つ目は、請求もれ、入金もれの防止のためです。これはすぐに思いつくでしょう。

2つ目は、不要なもの、必要以上に購入がないかの確認です。場合によっては単価が大きすぎないか、のチェックになるでしょう。

3つ目、もしかしたらこれが一番かもしれませんが、不正の防止のためです。

「納品書・請求書」原本を確認しないとだめな理由

請求もれ、入金もれ防止のため

不要なもの、必要以上の購入がないかの確認

不正の防止のため

こういうと、ウチは社員を信頼しているから、と言われてしまうのですが、信頼するのとチェックが行き届かなくなることは別問題です。

たびたびニュースで目につく不正のニュースは高額ですが、最初の不正は数万円、場合によっては千円単位でしょう。そこで見つからないからどんどん膨れ上がります。実は税務調査で社内の不正が見つかる、というのは珍しい話ではありません。

なお、税務調査で社員個人の不正による経費が見つかった場合には、会社の不正としてペナルティがかかります。

魔が差す、ということは誰にでもあり得

ます。その時、不正をしようと思えばできてしまう状況になっていることが問題です。その状況を作らないというのが経営者の責任でもあります。

毎月定期的に納品書や請求書に目を通すことにより、何らかの違和感があればすぐに気づくでしょう。たとえ形だけでも目を通すことにより、社長がチェックしているということが不正を防ぐことにつながります。

会計ルーティン 11

資金繰りを担当者任せにしない

会社の規模がどんなに大きくなっても、従業員が増えたとしても、上場企業でない限り資金繰りは社長の仕事です。

なぜなら、経営が順調な時はよいですが、ピンチになった時、すなわちお金がなくなった時に、一時的に個人的なお金を会社に貸す、個人保証をつけて融資を受ける、というのは社長にしかできないからです。

役員に入っていたとしても、出資をしていない役員である場合、そこまでの意識はないでしょう。責任感のある人であれば役員報酬の返納は考えると思いますが、私財を投入して、というところまでは考えが及ばないと思います。

逆に言えば、融資の場面では、それだけの責任がある社長であるからこそ銀行と交渉ができる、ということです。

社長は会社の業績を伸ばすことこそ仕事、とばかりに数字は苦手だからと経理担当者に任せたいと考える方がいます。

日々の細かい経理事務は少しずつ任せていくにせよ、その内容をチェックし、資金繰りを把握し、資金の手当てをしていくことは社長にしかできないことなのです。

会計ルーティン―12 自社の会計上の特徴をつかむ

■大きな数字が会社の特徴を表わしている

試算表を見ていると、他の勘定科目と比べて金額が大きいものがあります。その金額が

大きいものに注目しましょう。その金額に会社の特徴が見えます。

例えば経費に注目してみましょう。交際費が多ければ接待などにより、広告費が多ければ広告を掲載することにより売上を獲得している会社ではないか？　と営業方法を想像できます。

固定資産が多ければ減価償却費も多くなるでしょうし、地代家賃が高ければ、契約物件が多いか、家賃が高額な都心部に借りていると想像できます。

そして、経費が多くてなかなか利益が出ない、もしくはもっと利益を出すためにコスト見直しをしたいということがあるでしょう。

その時に50万円削減しようとした場合、１００万円かかっている項目であれば、半分にしなければなりません。しかし、５００万円かかっている項目であれば、１割削減すればよいと考えることができます。現実にはそこまで単純ではないかもしれませんが、まずは大きな金額の勘定科目の中身を詳しく見ていくとよいでしょう。

■売上の構成がビジネスモデル

創業して間もない場合には、一つの商品、一つのサービスだけということもあると思います。しかし、少しずつ複数の商品・サービスを売るようになるのが大半でしょう。

これは顧客側から考えて、その顧客向けの別商品を売ることもあります。商品側から考えて、商品を買ってくれた顧客向けに、別商品を売ることもあります。

当然売上単価も違うでしょうし、粗利益額も粗利益率も違うでしょう。中には、本来の売りたい商品を売るために、ほとんど利益が出ないような商品もあるでしょう。

すべてが売上ですが、その構成によって利益の金額が変わってきます。

そして、売り方も変わってきます。広告で宣伝している場合、顧客層が違えば、広告媒体が変わってくるでしょう。

似たようなサービスであっても、仮に富裕層向けにサービス展開しているのであれば、事務所も見栄えに気を遣うようになるでしょう。

売上がどのように構成されるかによってすべてが変わってきます。売上の構成がビジネ

スモデルを表している、と言えるのです。

会計ルーティン―13 経費を定期的にチェックする

在庫について、油断するとあっという間に増える、とお話ししましたが、その他の経費についても同様です。

会社の規模が大きくなり、使えるお金が増えてくると、経費の使い方が甘くなってきます。当然増えていくものもありますが、試算表を見た時に、気がついたらこんなに使っている、といった項目があったら、その内容を詳しく確認するようにしましょう。経費は定期的に必要かどうかチェックすることが大事です。

ある会社で毎月ある媒体に広告費を払っていました。ある時その効果に疑問を感じて一気に支払いをゼロにしたことがあります。その後どうなったか？　売上に全く影響がなかった、というケースがありました。

別の会社でも、経費を減らす必要が生じて、毎月かかっていた広告費を抑えるようにしました。その会社でも売上は変わりませんでした。

すべての経費は売上を上げるために使うものです。事業が長く続いていくと、この経費をなぜ使っているのか、よくわからないものが生じてしまうことがあります。経費を減らせば利益がその分残ります。試算表を見ながら定期的に見直すことが重要です。

会計ルーティン―14 コストカットは慎重にする

先ほどお話しした通り、経費を減らせば利益がその分残ります。利益を増やそうとする場合は、コストカットのほうが早いです。したがって売上に貢献している経費かどうか、それ以外の経費はコストカットする、という判断をするケースがあります。

しかし、そのような発想だけだと危険です。というのも、**経費の中には、すぐに利益に結び付かないものや、売上に直接関連づけにくいものもたくさんあるからです。**

人件費を例にとるとわかりやすいでしょう。

営業マンであっても、成績がよい人、悪い人がいるでしょう。

仮にその成績が悪い人をリストラしたところ、そのしわ寄せが他の営業マンに行ってしまうようなパターンはよくあります。

そのリストラした人が実は他の営業マンのフォローもしていた重要なスタッフだった、と辞めてから初めてわかる、というケースです。

また、将来の売上を作るための、新商品の研究・開発も重要ですし、新規顧客獲得のために懇親会に参加する、といった一見関係ないような経費もあるでしょう。

それを言い訳に余計な経費をかけることは好ましくないですが、ただ効率よく経費を使うという発想だけでは将来立ち行かなくなってしまいます。

会計ルーティン―15
会計は万能でないことを知る

会計は会社の業績を客観的に把握するためには、最も優れているものです。しかし、会計だけでは足りません。会計に表れないものもあるからです。

会計はお金の関連する取引だけが関係します。したがって、例えば何か重要なことを検討している時間といったものは反映させることができません。

人件費はその金額しかわかりません。同じ金額を支払っているから、会社に同じように貢献していることが理想ですが、必ずしもそうとは限りません。新入社員に払っている給与は総じて将来のための投資です。

会計を理解できるようになると、今までとは逆に会計だけで考えてしまうことがあります。例えば、利益率の高い売上部門のみ重宝したり、表面的なコスト削減のみで利益を出して業績を一時上げるようなケースです。

結果として、会社の部門同士で亀裂が生じてしまうようなことが起こりえます。場合によっては、利益至上主義のような考えに会社が変わってしまい、長期的に見るとむしろ利益を出せなくなってしまうこともあり得ます。

会計は最も重要なものですが、万能ではないのです。

会計に表れないことも理解したうえで、会計の数字を実際の会社の現場の状況と照らし合わせていきましょう。そのように活用することによって、会計はさまざまな判断に役立つものであることを実感できるようになるでしょう。

おわりに

最後までお読みいただき、ありがとうございます。

もし、この本を読んでもどうもわからないと感じたのであれば、その主な原因は私の表現の至らなさかもしれません。しかし、そう思ったのであればなおのこと、実際の試算表と照らし合わせながら読んでみてください。新しい発見があるはずです。

私も、儲かっている会社は何か自分の知らない特別な方法を知っているのではないかと思っていました。それが何なのかずっと知りたくて、さまざまな本を読んだり、セミナーに参加していろいろな人の話を聞いたりしました。それと並行して、クライアントの中でも特に業績のよい会社の共通点は何か、会計を見ながら考えて続けてきました。

その上で薄々と感じてきたことが、この２０２０年以降のコロナ不況で確信できました。

実は、リアルに儲かっている会社の社長は変わったことはしていないのです。

売上を伸ばすためのマーケティングなどに関してはまた別なのかもしれませんが、少なくとも普段の会計については驚くほどルーティンに忠実なのです。

そう考えるとどうでしょうか？　今すぐにでも自社に取り入れて儲かる会社に変わることも決して難しいことではないはずです。

ただし、今日明日で劇的に変わる、というわけにはいきません。そういう意味では語学をマスターすることと似ているような気がします。**数字を言語のひとつとしてとらえて、新しい視点を身につける、というイメージです。**

しかし、「はじめに」にも書きましたが、一度身につけてしまえば一生使えます。

たしかに、税法は改正がありますし、金融行政も景気に左右されます。しかしその元となる会計については、名称など細かいことは別として、考え方が変わることはまずないと言ってよいからです。

ぜひこの本をきっかけに顧問税理士をはじめとした職業会計人や経理担当者にいろいろと質問してみてください。総じて言葉少なな目な人が多いかもしれませんが、内心喜んでいろいろと一緒に考えてくれるはずです。

儲《もう》かっている会社《かいしゃ》の会計《かいけい》ルーティン15

2021年11月30日　初版第1刷

著　者――――――佐藤亜津子《さとうあつこ》
発行者――――――松島一樹
発行所――――――現代書林
〒162-0053　東京都新宿区原町3-61　桂ビル
TEL／代表　03(3205)8384
振替00140-7-42905
http://www.gendaishorin.co.jp/

ブックデザイン―――西垂水敦、松山千尋（krran）
本文イラスト――――くにともゆかり
図版――――――――松尾容巳子

印刷・製本　㈱シナノパブリッシングプレス
乱丁・落丁本はお取り替えいたします。

定価はカバーに
表示してあります。

ISBN978-4-7745-1928-9 C0034